A FORMAÇÃO DOS PROFISSIONAIS DA EDUCAÇÃO

Processo de transformação das matrizes pedagógicas

Dados Internacionais de Catalogação na Publicação (CIP)
(Câmara Brasileira do Livro, SP, Brasil)

Cunha, Roselys Marta Barilli
    A formação dos profissionais da educação :
processo de transformação das matrizes
pedagógicas / Roselys Marta Barilli Cunha. --
São Paulo : Ícone, 2010. -- (Coleção
conhecimento e vida / coordenador Diamantino
Fernandes Trindade)

    ISBN 978-85-274-1114-1

    1. Professores - Formação profissional - Brasil
I. Trindade, Diamantino Fernandes. II. Título.
III. Série.

10-04935   CDD-370.71

Índices para catálogo sistemático:

1. Docentes : Formação profissional : Educação
        370.71
2. Professores : Formação profissional : Educação
        370.71

Roselys Marta Barilli Cunha

A FORMAÇÃO DOS PROFISSIONAIS DA EDUCAÇÃO

Processo de transformação das matrizes pedagógicas

Coleção Conhecimento e Vida

Coordenação
Diamantino Fernandes Trindade

1ª edição
Brasil – 2010

© Copyright 2010
Roselys Marta Barilli Cunha
Direitos cedidos à Ícone Editora Ltda.

Coleção Conhecimento e Vida

Coordenação
Diamantino Fernandes Trindade

Diagramação
Richard Veiga

Revisão
Juliana Biggi

Proibida a reprodução total ou parcial desta obra, de qualquer forma ou meio eletrônico, mecânico, inclusive através de processos xerográficos, sem permissão expressa do editor (Lei nº 9.610/98).

Todos os direitos reservados pela
ÍCONE EDITORA LTDA.
Rua Anhanguera, 56 – Barra Funda
CEP 01135-000 – São Paulo – SP
Tel./Fax.: (11) 3392-7771
www.iconeeditora.com.br
e-mail: iconevendas@iconeeditora.com.br

SOBRE A AUTORA

Roselys Marta Barilli Cunha

Graduada em Psicologia pela Pontifícia Universidade Católica de Campinas.

Especialista em Psicodrama Pedagógico pela Federação Brasileira de Psicodrama.

Mestre em Educação pela Universidade Cidade de São Paulo.

Professora Universitária.

Coordenadora do Grupo de Desenvolvimento Profissional e Pessoal no Sindicato dos Auxiliares de Administração Escolar de Campinas e Região.

Psicoterapeuta com ênfase em Fatores Humanos no Trabalho, atuando principalmente nos temas: Sequestro relâmpago, Acidente do trabalho e Saúde do trabalhador.

Participa do Gepec-Grupo de Terça na Faculdade de Educação da Universidade Estadual de Campinas. Coordenado pelo Prof. Dr. Guilherme do Val Toledo Prado, o grupo envolve muitas pessoas, grupos, ideias e instituições que se relacionam de forma inusitada, como se fosse uma "rede" no espaço presencial e também virtual, possibilitando caminhos, ideias, sentimentos e outros. Assim, o Gepec-Grupo de Terça tece fios que se entrelaçam nos estudos, na reflexão e na pesquisa sobre educação continuada, que envolve professores(as), pesquisadores(as) e estudantes.

O seu objetivo é sistematizar e aprofundar conhecimentos e saberes a respeito da pesquisa-ação, produção de conhecimentos e saberes na escola e universidade, tomando como referência as experiências do cotidiano produzidas em diversas instâncias educacionais, compreendendo e aprofundando conceitos. A partir disto, possibilita um espaço para cada um construir de "seu jeito" o trabalho com mais sentido.

AGRADECIMENTOS

Agradeço aos professores(as) e pesquisadores(as) com quem compartilhei reflexões e estudos. Ao Diamantino e toda sua equipe a possibilidade de realizar este livro.

Ao José Antonio, pela revisão amorosa e dedicada do texto; a sua mãe Elza, por seu carinho e exemplo de fé.

As minhas filhas Potira, Juliana, Luana e meu netinho Francisco.

Meu profundo reconhecimento a Armando meu marido, companheiro que sempre me apoiou e incentivou.

Chego aos campos e palácios da memória, onde estão tesoiros de inumeráveis imagens trazidas por percepções de toda espécie.
Santo Agostinho

SUMÁRIO

Introdução, 13

1. A Aproximação do Lado Sombrio de Ser, Educador, Trabalhador Iniciando um Diálogo com o Mal-Estar Docente, 17
   1.1 O Mito de Prometeu e Pandora como possibilidade de compreender o sofrimento humano, 28

2. Formação e Aprendizagem de Adultos, 35
   2.1 Aprendizagem de Adultos, 44
   2.2 O Cuidar e a Formação, 54
   2.3 Matrizes Pedagógicas, 57

3. Desenho Metodológico: um Caminho a Percorrer, 61
3.1 Pesquisa Simbólica, 62
3.2 O Cenário da Pesquisa, 67
3.3 Os Colaboradores, 68
3.4 As Entrevistas, 70
3.5 A Organização do Conhecimento Produzido, 74

4. Redes de Formação por meio das Indicações Presentes nas Falas dos Colaboradores, 77
4.1 1ª Rede de Formação: Necessidade da Busca, 78
4.2 2ª Rede de Formação: A Descoberta das Necessidades, 86
4.3 3ª Rede de Formação: As Transformações, 92
4.4 4ª Rede de Formação: O Sentido da Experiência, 101
4.5 5ª Rede de Formação: O Sentido da Elaboração da Consciência, 108
4.6 6ª Rede de Formação: A Busca por Meio da Formação, 114

Considerações Finais – Puxando o Fio da Meada: Memória, 127

Referências Bibliográficas, 137

Anexo, 147

AS REDES DE FORMAÇÃO

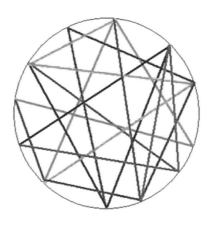

O tecer da meada

INTRODUÇÃO

TECIDO
O texto de ser
É ter para ser
E ser para ter
Mas quem tecer o texto de ser
Terá que ser para ter
Estar com vocês aprende a ser
Estar sem vocês
Sozinho sei ser
O texto vivido é o texto tecido.
(da autora)

Precocemente, comecei a perceber os diversos caminhos abertos pela vida. Por um lado, a possibilidade de desenvolvimento profissional, por outro a vida pessoal brindava-me com a delícia de ser mãe, desejo antigo. Sempre tive uma disposição interna para enfrentar desafios, como se na vida existisse algo que fosse necessário fazer e me obrigasse, de tempos em tempos, a redesenhar meu projeto existencial. Ao mesmo tempo, crescia em meu entendimento a importância da relação com o ambiente, pois foi no interior deste contexto que passei a perceber a constituição dos sujeitos, nos diferentes momentos da vida.

A partir dos estudos, das experiências e reflexões, aproximei-me cada vez mais da profissão de psicóloga, mas assumi-la implicava coragem para clinicar. Assumi enfrentar esse desafio e construí um espaço de atendimento, o que me possibilitou dar continuidade ao meu desenvolvimento pessoal e profissional. *A palavra "clínica" vem do grego Klínein, que quer dizer "cama", dar uma atenção particular* (FILLOUX, 2004: 19*)*, trazendo, portanto, a ideia de cuidado. Meu olhar direciona-se então para o sujeito que tem um potencial a desenvolver, e, apesar de reconhecer a existência de patologias, não foco meu olhar exclusivamente nelas.

Além do trabalho clínico, estive sempre envolvida com instituições escolares e desenvolvi um trabalho de Grupo com pais de jovens autistas. Os pais vinham para a escola, e, enquanto aguardavam o trabalho com seus filhos, eles participavam do Grupo de atendimento aos pais.

Descobri, com o trabalho de Grupo, a troca, o exercício da aprendizagem de convivência, a possibilidade de uma aproximação maior com a realidade. Quando, no Grupo, falavam dos seus costumes, muitos dos participantes revelavam serem nascidos em diversos estados, o que levava perceber como tal intercâmbio tornava mais significativos os encontros.

Capítulo 1

A APROXIMAÇÃO DO LADO SOMBRIO DE SER, EDUCADOR, TRABALHADOR INICIANDO UM DIÁLOGO COM O MAL-ESTAR DOCENTE

Viajam os homens para admirar as alturas das montanhas e as enormes vagas do mar (...) e esquecem de si mesmo.
Santo Agostinho

Encontramos na modernidade uma produção de conhecimento organizada, precisa, controlada. Lembra um mundo de engrenagens, submetido, cheirando a óleo, o mundo das máquinas. A ordem, valorizada e buscada pela modernidade, proporcionou uma segurança momentânea e com ela um grande desenvolvimento tecnológico que potencializou não só uma capacidade criativa, mas também destrutiva dos sujeitos. O meio ambiente devastado, a bomba atômica, o aumento da miséria, da fome, da violência no planeta questionam as ideias da modernidade. Assim, somos estimulados a resgatar outras funções tais como: a intuição, o sentimento, a percepção, que, aliados à racionalidade, podem construir distintas maneiras de leitura do mundo.

Temos observado que vivemos um momento crítico na Educação. Hoje, a escola parece despreparada para atender as demanda sociais. Espera-se que ela participe ativamente do processo de desenvolvimento do país, contribuindo efetivamente com crescimento pessoal e profissional dos sujeitos, oferecendo espaços de trocas e aprendizagem. No entanto, por um lado, nos deparamos com resultados de avaliações do sistema educacional brasileiro que denunciam suas deficiências, por outro somos bombardeados com notícias que nos deixam atônitos, ondas de violência, maus-tratos, físicos e psíquicos. Frente à situação insatisfatória em que se encontra a Educação, procuram-se causas, e entre elas é apontado o baixo desempenho dos profissionais da educação, trabalhadores. Essa situação provoca tensão, angústia e culpa entre os Educadores, pois estes não se sentem em condição de reverter essa situação.

Os projetos de formação têm procurado capacitar os profissionais da educação para o exercício de suas funções específicas, mas não têm conseguido criar espaços para que eles possam elaborar suas angústias, medos e insatisfações.

Para Bauman (2007), o medo é um dos mais sinistros demônios que vagam pelas sociedades abertas contemporâneas, a insegurança no presente e a incerteza a respeito do futuro gestam temores imponentes e insuportáveis: "algo que não se deve confiar e que não deve ser deixado por sua própria conta algo a ser dominado, subordinado remodelado de forma a se reajustar às necessidades humanas". (BAUMAN, 2007: 15).

Os formadores, ao se depararem com os problemas vividos pelos profissionais da educação, os trabalhadores sentem-se, também, acometidos pela angústia, tensão e paralisia que essa situação acarreta, transformando-se muitas vezes em expectadores de um sofrimento para o qual não conhecem remédio.

Ao trazer um olhar diferenciado, encontramos sujeitos enredados em suas vivências e sem condições de elaborá-las, o que os distancia de si, de seus alunos e do conhecimento. Ao não conseguir pensar, raciocinar consistentemente sobre suas dificuldades, são acometidos por sintomas que denunciam seus sofrimentos e os afastam do exercício da profissão. O que pode ser constatado com base no grande número de faltas e licenças médicas solicitadas pelos profissionais da educação. Wekerlin (2007) relata que, em consulta ao site da APEOESP em 2006, constatou que a incidência de transtornos emocionais tem aumentado consideravelmente entre os professores. Segundo informações contidas no Site nessa ocasião, 50% dos professores da rede estadual apresentam algum tipo de transtorno emocional.

Alguns autores têm se dedicado a investigar a tensão vivida pelos profissionais da educação em seus ambientes de trabalho. Entre eles, podemos destacar Esteve (1999), que faz referência ao *mal-estar docente*.

> *Refiro-me à distinção entre tensão e estresse que aparecem como sinônimos, erroneamente, em alguns estudos. A tensão, como vem, refere-se à manutenção da intensidade e da presença, ao longo do tempo, de um estímulo estressante. A tensão aparece, portanto, como uma condição indispensável à aparição do estresse e, sobretudo, para que este seja produzido até a etapa do esgotamento, potencialmente patogênica.* (ESTEVE, 1999: 150-151).

O autor refere-se ao *mal-estar docente* para caracterizar os efeitos psicológicos em respostas às condições de trabalho docente em longo prazo: estados de ansiedade excessiva, quadros de depressão, cefaleias, hipertensão, taquicardias, insônia, tabagismo e alcoolismo, transtornos mentais e distúrbios vocais, tendo sido identificadas relações entre adoecimento dos profissionais da educação com insatisfação no trabalho, absenteísmo, abandono de profissão, baixa motivação, desinteresse, indisposição física e psicológica constante e perda de sentido e significado do trabalho.

> *A mudança social acelerada converteu nosso sistema educacional em uma realidade qualitativamente diferente da que se tinha há 20 anos. O professor precisa voltar a pensar no papel que representa. (...). Enfrentar o mal--estar docente e reduzir seus efeitos negativos passa por uma ampla série de medidas completas, cujo início requer um notável esforço, e cujos efeitos só serão visíveis em médio prazo.* (ESTEVE, 1999: 13-14).

Segundo Esteve (1999), ao estudar o "mal-estar docente", os pesquisadores correm o risco de tratar parcialmente o tema. Enfatiza a importância de um enfoque interdisciplinar. Relata que a Organização Internacional de Trabalho (OIT) faz referência a um número crescente de estudos realizados em países desenvolvidos que apontam para o fato de os educadores estarem sendo acometidos por esgotamento físico ou mental sob o efeito de dificuldades materiais e psicológicas associadas a seu trabalho. Esteve publicou investigações realizadas sobre a imagem da escola entre os pais na França:

> *Em uma investigação feita na França e publicada pelo jornal **Le Parisien** em 4 de maio de 1982, sobre a imagem da escola entre os pais, tornava-se manifesto que 56% deles achavam que a disciplina tinha-se degradado consideravelmente.* (ESTEVE, 1999: 33).

Frente a esse tipo de exigência, os professores sentem-se injustiçados e desvalorizados. Dizendo: "Se tudo vai bem, os pais pensam que seus filhos são bons alunos. Mas se vai mal, pensam que nós professores somos maus educadores". (ESTEVE, 1999: 34).

O cotidiano desses profissionais da educação aprisiona-os em um círculo vicioso, um rodamoinho que os suga, cada vez mais. Eles vivem em uma situação em que a sobrecarga de trabalho e a falta de tempo obrigam-nos a realizar mal suas tarefas. Muitos não sabem como agir, como se organizar e superar as dificuldades. As perspectivas de resolução dessa situação deveriam emergir de um projeto nacional, de toda a sociedade, mas, entre o que deveria ser e o que é, temos visto a Educação fracassar sistematicamente e de modo quase generalizado no país.

Encontramos no relato de Esteve (1999) o postulado de Blase (1982), que enfatiza que os Profissionais da Educação percebem os problemas que se produzem no interior da escola como inerentes a seu próprio trabalho. Falta, contudo, uma reflexão da própria ação, segundo Schön (2000), de modo a conseguirem sair do lugar de vítima. Enfrentam, muitas vezes, o espaço educacional, dentro e/ou fora da sala de aula, sem ter consciência de seu efeito traumático que os afeta profundamente. Ao não terem possibilidade de resolvê-los, se veem acometido por crises de comportamento, insatisfações, angústias e baixa autoestima.

As condições do trabalho contemporâneo e a saúde dos trabalhadores estão prejudicadas por condições de trabalho insatisfatórias. Os espaços para trocas e para a cumplicidade entre professores e alunos vêm sendo diminuídos nos contextos escolares, o que provoca um distanciamento de si, do outro e do conhecimento.

> *CODO, ao investigar a saúde dos Profissionais da educação, identificou que aproximadamente 25% dos professores (amostragem de diversas escolas públicas do País) apresentam exaustão emocional associada à desvalorização profissional, baixa autoestima e ausência de resultados percebidos no trabalho e aproximadamente 48% sofrem da síndrome de esgotamento profissional. CAR-*

NEIRO (2001) identificou, em Rio Claro/ SP, no ano de 2000, que 53% (N=1389) dos atendimentos no setor de Perícia Médica de um Centro de Saúde referiam-se a afastamento de professores. A autora assinala as possibilidades de um crescente aumento dos afastamentos médicos de professores relacionados às repercussões do trabalho desses profissionais em saúde. PORTO e col. (2004) identificaram a prevalência de distúrbios vocais (30%) e LER/DORT (26%) em prontuário do Centro de Estudos do Trabalhador – CESAT, 1991--2001. REIS e col. (2005) identificaram alta prevalência de distúrbios psíquicos menores (55%) em professores da rede municipal de Vitória da Conquista/BA. (GIOVANETTI, 2006: 32/33).

A escola representa uma estrutura de alta complexidade, semelhante a uma empresa, e, embora não pareça, os problemas relativos a recursos humanos, financeiros e materiais são comuns no dia a dia. Giovanetti (2006), com base em suas pesquisas, constatou que os professores correm mais riscos de problemas psíquicos de diferenciados tipos e também a prevalência de transtornos psíquicos menores é maior entre eles, quando comparados a outros grupos.

No entanto, o tempo, tal como está sendo experimentado hoje, proporciona um forte *mal-estar*, e acaba transformando os indivíduos em autômatos preocupados em cumprir obrigações para as quais não conseguem atribuir sentidos. Dessa forma, ficam impossibilitados de transcender o cotidiano, e tornam-se prisioneiros dos labirintos da angústia existencial.

Podemos verificar essa situação com observações em Giovannetti:

> *O Ministério da Saúde relacionou os mecanismos desencadeadores e agravantes de patologias com as condições de vida, com a organização do trabalho e com os riscos ocupacionais:*
>
> *Entre os condicionantes da saúde do trabalhador estão compreendidos os condicionantes sociais, econômicos, tecnológicos e organizacionais responsáveis pelas condições de vida e os fatores de riscos ocupacionais físicos, químicos, biológicos, mecânicos e aqueles decorrentes da organização laboral – presentes no processo de trabalho. Assim, as ações de saúde do trabalhador têm como foco as mudanças nos processos de trabalho que contemplam as relações saúde – trabalho em toda a sua complexidade, por meio de uma*

atuação multiprofissional, interdisciplinar e intersetorial. (GIOVANNETTI, 2006: 10).

Encontramos, na bibliografia de língua francesa, o conceito de **malaise enseignant**, que se tem traduzido em espanhol por **mal-estar docente**; já na bibliografia anglo-saxã aparece o termo **burnout**, alguns o associando ao conceito de estresse, o que chamou a atenção de um grande número de investigadores no início da década de 1980 (KOSSACK e WOODS, 1980; SHAW, 1980; SAUNDERS, 1980; BLASE, 1982; PENNY, 1982; FIELDING, 1982; BORTHWICK, 1982; BEASLEY, 1983 apud ESTEVE, 1999).

A Síndrome de Burnout foi descrita como uma tensão emocional crônica gerada a partir do contato direto e excessivo com outros seres humanos, e que tem como característica principal a **persistência** dos sujeitos nas situações de estresse, apesar de malsucedidos ao tentar lidar com ele.

> *O Burnout é uma desistência de quem ainda está lá. Encalacrado em uma situação de trabalho que não pode suportar, mas que também não pode desistir. O trabalhador arma inconscientemente uma retirada psicológica, um modo de abandonar o trabalho apesar de continuar nos postos. Está presente na sala de aula, mas passam a considerar*

cada aula, cada semestre, como números que vão se somando em uma folha em branco. (CODO, 1999: 254).

Encontramos nos autores citados a descrição de um cotidiano árduo e vicioso que impede a reflexão e a descoberta de saídas. Esses profissionais da educação mergulham nesse rodamoinho, e necessitam de oportunidades para experimentar lugares nos quais a espontaneidade, a criatividade e o prazer em pensar possam ser vividos, de modo que eles possam vivenciar, superar a visão fragmentada que tem sido a marca constante da Formação tradicional: a cisão, separação teoria-prática, decorrente de uma inadequada formação e deformação prática cotidiana, em que a ação de cada profissional da educação é isolada ou dependente, não havendo compromisso com projetos.

Para compreendermos o mal-estar destes profissionais da educação, acreditamos que enveredar na perspectiva da Psicologia Analítica Junguiana pode trazer elementos inovadores a serem aproveitados de forma adequada para pensar essa questão e indicar alguns caminhos.

Na perspectiva da Psicologia Analítica Simbólica, tal como a compreendemos, adquire grande importância tomarmos contato com as dimensões sombrias da personalidade. Essa dimensão refere-se aos atributos desconhecidos ou pouco conhecidos do ego. Muitas vezes, a dor e o sofrimento não elaborados permanecem na obscuridade, comprometendo o desenvolvimento do sujeito. Quando a sombra não é elaborada ela pode ser projetada no outro, o que dificulta o estabelecimento de relações criativas. Sentimentos tais como o medo, a inveja, se não assimilados, podem ser excessivamente detectados nos outros. A sombra emerge nos contextos grupais de formação e desenvolvimento profissional e, em algumas situações pode, com bastante proveito, ser reconhecida e acolhida pelos participantes.

1.1 O Mito de Prometeu e Pandora como possibilidade de compreender o sofrimento humano

O sofrimento humano, nos dias de hoje, é abordado e compreendido com base nos conhecimentos produzidos pela Ciência. As dores físicas e psíquicas costumam ser tratadas nos consultórios. Na antiguidade, eles eram acolhidos em outros contextos. Na Grécia antiga, os doentes poderiam ser encaminhados para os templos onde seriam assistidos pelos sacerdotes que prestavam atenção aos seus sonhos e buscavam sinais que indicassem o caminho da cura. Fazia parte desse caminho o encontro do doente com mitos que abrissem novas possibilidades de compreensão e enfrentamento dos fatos da vida. A doença era compreendida como um desequilíbrio que abarcava aspectos físicos e psíquicos. Os mitos, muitas vezes, tornam explícito esse processo.

O Mito encontra-se em vários tipos de relatos cosmogônicos e teogônicos, estabelecendo relações com o mundo, com a origem dos homens e outros com deuses e homens, e explicitam o esforço e a luta do homem para trilhar seu destino.

A Psicanálise e a Psicologia Analítica perceberam a importância do estudo dos Mitos para a compreensão do funcionamento da psique. Antes deles, parte dos processos psíquicos já tinham sidos descritos metaforicamente nos mitos.

> *Através do conceito de Arquétipo, C.G. Jung abriu-se para a psicologia a possibilidade de perceber nos mitos diferentes caminhos simbólicos para a formação da consciência coletiva. Nesse sentido, todos os símbolos existentes numa cultura e atuantes nas suas instituições são marcos do grande caminho das trevas para a luz, do inconsciente para o consciente.* (BRANDÃO, 2000: 9).

Nesse contexto, podemos nos aproximar sugestivamente do Mito de Prometeu e Pandora, na medida em que ele nos possibilita ampliar a compreensão do sofrimento humano. Esse mito explora o território da miséria humana. Segundo Vernant (1973), ele relata uma relação do homem que vivia na Idade do Ferro com o trabalho e com a necessidade de busca para tirar da terra o próprio sustento, o alimento. A cada dia, a angústia, e, ao mesmo tempo, a esperança de um amanhã, ainda que incerto.

O mito de Prometeu remete, na criação evolutiva da história, ao advento da consciência, com o aparecimento do homem. É fundamental observar as palavras de Trousson (2000: 784). "Depois do romantismo, Prometeu tornou-se para a cultura ocidental o símbolo por excelência da revolta na ordem metafísica e religiosa, como se encarnasse a recusa do absurdo da condição humana".

O mito relata que, quando Zeus privou o homem do fogo (que representa o símbolo do espírito, a semente), Prometeu o roubou e devolveu ao povo. Essa atitude revela uma tendência à revolta de quem quer se igualar à divindade com o domínio do fogo que dão ao homem a sabedoria e as condições para enfrentar os problemas da vida cotidiana. Por isso, os homens têm uma maior proximidade com os deuses do que as outras criaturas, mas também por isso Prometeu foi castigado.

Zeus o teria castigado acorrentando-o a um rochedo e lançando sobre ele uma águia que devorava o seu fígado, símbolo dos tormentos de culpa. Com isso, Zeus o condenou com laços inextricáveis, peias dolorosas atadas à meia altura de uma coluna. Depois, soltou sobre ele uma águia de asas abertas – a águia comia seu fígado imortal, e o fígado voltava a se formar durante a noite. Apenas após um longo período, pôde ganhar fim o suplício de Prometeu, por meio do auxílio de outras entidades, cuja ação, entretanto, não escapava às vistas do Deus supremo.

O mito de Prometeu irá, por fim, juntar-se ao Mito de Pandora, "a noiva fatal", enviada pelos deuses para recuperar o significado do elemento roubado na reconstituição da dimensão finita e miserável do homem, e cujo aparecimento é anunciador de desgraça e morte.

Zeus ordenou a Hefesto, divindade que modela o metal com o fogo, que fizesse uma mulher de barro, à qual Atena deu vida com um sopro, e os outros deuses dotaram-na de todos os encantos; ela recebeu o nome de Pandora, que significa dotada de todos os dons.

Pandora trouxe consigo um jarro do qual, quando aberto, saíram todos os males e problemas que desde então afligem a humanidade; no entanto, no fundo do jarro ficou apenas a esperança para suavizar a condição humana.

Damásio (2004) nos ajuda a atualizar os conteúdos presentes no Mito de Prometeu e Pandora. A vida cada vez mais é vista como uma acrobacia na corda bamba, sendo que os sentimentos são expressões de uma luta contínua.

O Mito possibilitou uma elaboração coletiva dos grandes enfrentamentos humanos apropriada na subjetividade humana que então se formava – cabe ao homem contemporâneo alcançar uma compreensão individual dos processos vividos. Entendemos que a instalação de uma consciência mais profunda e suas revelações permitem que criemos uma relação de vida melhor para nós mesmos e para os outros, tornando-a, assim, um pouco menos misteriosa; conhece-se o risco, o perigo, a dor e os resultados daí derivados; conhece-se o que é prazer e o quanto ele está distante ou inacessível.

A caminhada individual, das sombras para a luz, pode ser potencializada com a compreensão de que os grandes dramas enfrentados pelos sujeitos contém raízes arquetípicas descritas nos Mitos.

Não podemos deixar de observar que as pesquisas têm em comum o fato de levar o mito a sério, de aceitá-lo como uma dimensão irrecusável da experiência humana. (VERNANT, 1973: 200). Ver o mito como positivo substituiu a forte ligação com que o raciocínio cartesianismo vulgarizado levava a desprezar como ignorância aquilo que, em verdade, se constituía como visão e explicação.

Enfim, o olhar para o mito não como um absurdo denunciando um escândalo lógico, mas, sim, como um desafio lançado à inteligência científica confere à compreensão do mito e sua incorporação ao saber antropológico e aos arquétipos, no sentido Junguiano, a mesma universalidade que se reserva para os quadros do pensamento lógico. (CHEVALIER e GHEERBRANT, 1982)

Se, por um lado, podemos ver num tipo de compreensão da estória mítica a ruína do homem provocada pela soberba de querer ser como Deus, por outro, podemos perceber, também, que esse mesmo relato sugere a inevitabilidade, nos termos da condição humana, da experiência da dor e do sofrimento presentes no processo de constituição de uma dimensão de consciência.

Hoje, o trabalho de todos os dias tem levado a absurdos. E o mais trágico é a revelação dos momentos de consciência e da sede de poder e exploração do homem sobre o homem. Prometeu, assim como os homens, operários impotentes e revoltados, conhece a extensão total da sua miserável condição. É nesse tecer do dia a dia que o trabalho se faz nesta condição de dor e também de alegria.

Enquanto, no universo, permanece o barulho ensurdecedor das máquinas e dos homens que delas se fazem à imagem e semelhança, assim como Prometeu, que se vê acorrentado nos rochedos, vemos cada grão dessas pedras e cascalhos formarem montanhas de lágrimas, suor e dor nesses trabalhadores na construção de um outro mundo; mas não podemos, no entanto, perder de vista a esperança que se encontra no fundo do jarro para suavizar a condição de humano que se carrega.

No século XX, Prometeu será tanto o dominador da matéria e pai da ciência como o denegridor dos deuses (TARDIEU, 2000). Tanto o defensor do humanismo e da liberdade de pensamento como o apologista do retorno a Deus inspirado pela inquietude contemporânea. (MONTAGNA; BROCK; BURTE; GARRIC, 2000: 793).

Ao conceito de civilização, inspirado no mito do herói que se confronta com o desafio, o embate moderno sugere um outro mito: o de Apolo, que levaria ao desvendamento da relação com a angústia que os profissionais da educação experimentam nesta civilização contemporânea. No entanto, a civilização atual necessita de um outro tipo de herói que sabe se conduzir e se relacionar nos diferentes espaços e tempos de maneira contextualizada e saudável. Daí o surgimento de Hermes como a figura do herói contemporâneo (BRANDÃO, 2005), que, em seu movimento constante, ultrapassa o estágio da consciência esclarecida e, todavia, inerte.

Capítulo 2

FORMAÇÃO E APRENDIZAGEM DE ADULTOS

Procuramos compreender a formação sob nova perspectiva, dentro de um quadro contemporâneo que compreende o profissional da Educação como um adulto que traz em sua bagagem experiências e potencial, um sujeito capaz de construir projetos de vida.

Nas últimas décadas, o modelo educacional fundamentado na racionalidade técnica vem sendo refutado. Ele "é, sobretudo, instrumental, dirigido para soluções de problemas mediante a aplicação rigorosa de teorias e técnicas científicas". (GÓMEZ, 1992: 96), descartando as dimensões do contexto, compreendendo o processo de formação de maneira linear e contínua. Observamos nos estudos de Habermas que a racionalidade tecnológica reduz a dimensão da atividade prática, levando a esquecer o caráter moral e político da definição dos fins na ação profissional. (HABERMAS, 1971, 1979 apud GÓMEZ, 1992: 97).

O paradigma regente até então é o do processo-produto presente na concepção de ensino tecnológico. Gómez aponta para a necessidade de rever esse paradigma:

> Todavia, é preciso sublinhar a necessidade de: em primeiro lugar, determinar qual das diferentes aproximações teóricas é a mais adequada à produção de uma ciência do ensino; em segundo lugar, deixar bem claro que a analogia do ensino com a medicina e com a engenharia é bastante frágil, na medida em que a riqueza dos processos de ensino e aprendizagem reside na interação mental e social e na singularidade subjetiva que a caracteriza; em terceiro lugar, considerar o componente artístico que está presente no quotidiano educativo e que é subvalorizado pela racionalidade técnica; em quarto lugar, lembrar que as derivações normativas da racionalidade técnica tipificaram uma proposta rígida para a formação de professores,

> *centrada no desenvolvimento de competências e capacidades técnicas.* (GÓMEZ, 1992: 99).

Como superação do modelo técnico, o autor propõe um processo de reflexão na ação, postulada pelo norte-americano Schön (1991), no qual a ideia proposta é de que a formação do profissional da educação deve ser fundada no modelo da prática. Ou seja, entende-se que o profissional é sujeito de seu próprio desenvolvimento e para que possa participar ativamente de sua formação é necessário refletir sobre a experiência prática. Isso é possível com base em uma reflexão que acontece antes, durante e depois da atuação do profissional da educação e tem como objetivo superar as dificuldades experienciadas no dia a dia. Desta maneira, o entendimento é o de que a formação do profissional da educação não se dá em momentos distintos – primeiro a formação teórica e depois a experiência prática – mas no diálogo da prática com a teoria.

> *A reflexão-na-ação torna-se recíproca quando o instrutor trata o* design *posterior da estudante como uma declaração, contendo significados como "Isto é o que eu acho que você quer dizer", ou "isto é o que eu realmente quis dizer", e responde a suas interpretações mostrando e dizendo mais, o que a estudante, por sua vez, pode novamente decifrar e tra-*

duzir em nova performance *de produção do* design. *O processo continua através da sequência de projetos de design que formam o ateliê, avançando, ainda que não em linha reta no sentido da convergência de significado e da crescente capacidade da estudante de produzir o que ela e seu instrutor consideram um* design *competente.* (SCHÖN, 2000: 86).

Nesse percurso, o sujeito apropria-se do seu trabalho, sendo autor do seu caminho. Ou seja, ao refletir sobre a prática, o profissional desenvolve uma atividade investigativa que irá caracterizá-lo como produtor de conhecimentos práticos sobre o ensino, e não mais como um especialista técnico que apenas reproduz estes conhecimentos.

Alarcão e Tavares (1987) vêm reforçando o papel da supervisão no desenvolvimento do professor reflexivo como aquela instância que se aproxima do contexto pedagógico conferindo as dimensões que o termo oferece. Esse tipo de posição implica encontrar espaços para, juntos, coordenador, professores e outros profissionais da educação dialogarem, re-significarem suas práticas, e, através de uma abordagem fundamentada no conceito da reflexão, contextualizada, constituir parte de uma metodologia coerente. O momento de supervisão assim estipulado pode proporcionar uma nova perspectiva de desenvolvimento e aprendizagem.

> *Supervisionar deverá por isso ser um processo de interação consigo e com os outros, devendo incluir processos de observação, reflexão e ação, do e com o professor. Este, por sua vez, também deverá observar – o supervisor, a si próprio, os alunos – deverá refletir sobre o que observou, questionar o observado; receber* feedback *do supervisor e dos alunos; refletir sobre esses dados, autoavaliando-se constantemente de modo a corrigir e melhorar as práticas pedagógicas para poder promover o sucesso educativo dos seus alunos e o seu próprio sucesso profissional. Torna-se assim agente de mudança: de si próprio, dos outros e da sociedade.* (ALARCÃO e TAVARES, 1987: 94).

O movimento do supervisor é explicitado dentro do processo de reflexão e de interação de mão dupla. O supervisor "olha" para o profissional da educação e este também o "olha", O entrecruzamento de olhares cria um espaço intersubjetivo que possibilita o falar das dúvidas, descobertas.

A literatura sobre a formação do "professor reflexivo" deslocou a formação, portanto, de uma perspectiva centrada quase exclusivamente nos aspectos metodológicos e curriculares para uma perspectiva que leva em consideração todo o contexto escolar em suas relações com a sociedade como um todo. Passou-se a entender que as organizações escolares produzem uma cultura interna que lhes é própria, e que exprime valores, crenças, conhecimentos, atitudes daqueles que nela atuam.

Conforme Nóvoa (1991), a formação dos profissionais da educação como críticos reflexivos implica três tipos de desenvolvimento: pessoal, profissional e organizacional. Ou seja, a formação do profissional da educação não só passa por um processo de crescimento pessoal e aperfeiçoamento profissional, mas também pela transformação da cultura escolar, o que inclui a implementação e consolidação de novas práticas participativas de gestão democrática.

O sujeito é constituído por meio da interação entre os conhecimentos teóricos e a vida prática, e os profissionais da educação se constroem na relação entre o conhecer-se e o conhecimento do ambiente educacional.

Para Tardiff (2002), o saber dos profissionais da educação é um saber plural, oriundo da formação, dos saberes disciplinares, curriculares e experiências, que integram vários campos do conhecimento às experiências do trabalho cotidiano. Cabe ao profissional da educação desenvolver competência para integrar esses saberes. Tardiff observa que "os saberes experienciais não são saberes como os demais... mas retraduzidos, 'polidos' e submetidos às certezas construídas na prática e na experiência" (TARDIFF, 2002: 54).

Com Larossa (2002), podemos aprofundar a compreensão do sentido da experiência. Ele diferencia experiência de vivência e de acontecimento, e para ele:

> *A experiência, a possibilidade de que algo nos aconteça ou nos toque, requer um gesto de interrupção, um gesto que é quase impossível nos tempos que correm: requer parar para pensar, parar para olhar, parar para escutar, pensar mais devagar, olhar mais devagar, parar para sentir, sentir mais devagar, demorar-se nos detalhes, suspender a opinião, suspender o juízo, suspender a vontade, suspender o automatismo da ação, cultivar a atenção e a delicadeza, abrir os olhos e os ouvidos, falar sobre o que nos acontece, aprender a lentidão, escutar aos outros, cultivar a arte do encontro, calar muito, ter paciência e dar-se tempo e espaço. (LAROSSA, 2002: 24).*

É fundamental perceber que a experiência é um espaço onde não se tem certezas, nem caminhos prontos, mas na qual se estabelece a disponibilidade de abrir-se para o inesperado. A experiência se dá quando o sujeito encontra-se entregue ao percurso da vida, mas consegue refletir a respeito do vivido.

Segundo Larossa (2002), o sujeito da Experiência é visto como:

Esse sujeito que não é o sujeito da informação, da opinião, do trabalho, que não é o sujeito do saber, do julgar, do fazer, do poder, do querer. Se escutamos em espanhol, nessa língua em que a experiência é "o que nos passa", o sujeito da experiência seria algo como um território de passagem, algo como uma superfície sensível que aquilo que acontece afeta de algum modo, produz alguns afetos, inscreve algumas marcas, deixa alguns vestígios, alguns efeitos. Se escutamos em francês, em que a experiência é "ce que nous arrive", o sujeito da experiência é um ponto de chegada, um lugar a que chegam as coisas, como um lugar que recebe o que chega e que, ao receber, lhe dá lugar". E em português, em italiano e em inglês, em que a experiência soa como "aquilo que nos acontece, nos sucede", ou "happen to us", o sujeito da experiência é, sobretudo um espaço onde têm lugar os acontecimentos. (LAROSSA, 2002: 24).

Atualmente, o mundo tem-se configurado mais como um laboratório informacional, bombardeando cada vez mais os sujeitos. Podemos nos perguntar: Há quanto tempo estamos nos distanciando de nós mesmos, passando fugazmente pela vida? Isso implica uma grande reflexão sobre nós mesmos, sobre as situações que vivenciamos, e Larossa tem algumas considerações a nos propor.

> *E pensar não é somente "raciocinar" ou "calcular" ou "argumentar", como nos tem sido ensinado algumas vezes, mas é, sobretudo dar sentido ao que somos e ao que nos acontece. E isto, o sentido ou o sem sentido, é algo que tem a ver com as palavras. E, portanto, também tem a ver com as palavras o modo como nos colocamos diante de nós mesmos, diante dos outros e diante do mundo em que vivemos. E o modo como agimos em relação a tudo isso.* (LAROSSA 2002: 21).

Consideramos que para construir os "espaços de experiência" em meio a esse turbilhão seria importante constituir e abrir espaços onde se possa estabelecer relações de reciprocidade e de encontro.

Podemos observar que os profissionais da educação se encontram muitas vezes desvalorizados, distanciados de suas experiências, permanecendo entre os grupos que atuam sem poderem ser legitimados por meio destes espaços educativos, mantendo-se muitas vezes apenas como "transmissores" do objeto do saber e não como "produtores" do saber, de cujas implicações estamos mais do que cientes.

Assim, parece-nos que, neste momento, é indispensável aprofundar ainda um pouco a questão da Formação no que tange à condição adulta.

2.1 Aprendizagem de Adultos

Percorrendo o caminho da formação e aprendizagem de adulto, gostaríamos de referendar um percurso do qual tomamos um conhecimento mais profícuo durante a pesquisa. Podemos encontrar na teoria Junguiana um elemento precursor da aprendizagem de adultos, e, embora suas obras apontem um caminho a ser pesquisado, ele é ainda novo, sugerindo novas investigações sobre aprendizagem de adultos.

Em nosso trabalho, sentimo-nos, assim, instigados a dar continuidade ao que foi iniciado por diversos pesquisadores e que vai se desvelando à medida que penetramos e nos envolvemos, procurando obter um sentido mais amplo para compreender um novo processo de formação simbólica dos profissionais da educação e de sua transformação. Nessa formação simbólica acreditamos estar em exercício permanente a questão da individuação como elemento de base.

O processo de individuação, essa totalidade escondida, diferencia-se da totalidade vivida, e esta se torna real quando consciente e mantendo viva a ligação.

> *(...) O objetivo da individuação não é o homem perfeito, mas o homem completo com sua luz e com sua escuridão. O mal, assim como o bem, é dado ao homem juntamente com o dom da vida. Não pode nunca ser completamente vencido, embora o homem tenha a chance de contê-lo, tornando-se cônscio dele e analisando-o. Quanto mais consciente for das suas predisposições para o mal, mais condição terá de resistir às forças destrutivas dentro de si.* (JAFFÉ, 1995: 96).

Buscamos fazer uma analogia utilizando a representação da ponta do *iceberg*, que representaria o consciente, e o *iceberg* submerso, o inconsciente, que nos faria mover de acordo com um desígnio secreto. A gente não o vê, mas ele vê a nós.

Encontramos como sendo exatamente na subjetividade e na intersubjetividade das falas, dos olhares, dos movimentos recíprocos, que ocorre a ligação, um movimento sutil, afetivo e acolhedor, pois a crença e a expectativa em uma experiência subjetiva sugerem a possibilidade da intervenção ativa e criadora de uma força, suprapessoal, na qual o sujeito pode se descobrir a si mesmo. Quanto a esse processo, relembramos as palavras de Von Franz:

> *Através dos tempos, os homens, por intuição estavam sempre conscientes deste centro; os gregos chamavam de Daimon; os egípcios chamavam de Alma-Ba; os romanos chamavam de Gênios e os primitivos de Homem Grande.* (VON FRANZ, 1964: 161).

Assim, durante o "processo de individuação", o Self constitui-se como dimensão que expressaria a totalidade absoluta da psique, o que o diferenciaria do ego, que constitui apenas uma pequena parte da psique.

> *A partir deste ponto de vista, o "Self" Junguiano pode ser visto como o ser (Dasein), o campo e o horizonte da nossa experiência, o contexto para os conteúdos da consciência e do inconsciente.* (STAUDE, 1995: 45).

Parece que essa condição nos coloca em igualdade e nos leva ao reconhecimento de uma transcendência ontológica, que, segundo Aurélio Buarque de Holanda (1996: 999), "sobressai, sobretudo na filosofia de Heidegger (v. existencialismo), relativamente ao Dasein, pensamento que trata o ser enquanto ser, isto é, do ser concebido como tendo uma natureza comum".

Um exemplo que nos poderia ajudar a compreender mais exatamente essa situação é a semente de um pinheiro, que contém a forma latente de uma árvore;

mas cada semente cai em um determinado lugar e tempo, e são vários os fatores que intervêm no processo: qualidade do solo, inclinação do terreno, exposição ao sol. Só quando emerge para o âmbito da realidade é que existe, de fato, e aí sim podemos dizer que é uma árvore.

Pensamos que o processo de individuação, enquanto um encaminhamento para a (re)constituição e ressignificação, enfim, para a instalação de sentidos que implica um processo de desdobramento da consciência, está bastante relacionado com o que podemos verificar em Josso (2004), que nos fornece indícios relevantes para compreender a formação na contemporaneidade.

Os adultos trazem para os espaços formativos bagagens de experiência que, ao serem recuperadas, os colocam ora no lugar de autor, no sentido de narrar, contar a própria história, ora no lugar de sujeito, ator que tem uma história, tecida no contexto do qual faz parte. Segundo a autora,

> *Começa a perceber que o que faz a experiência formadora é uma aprendizagem que articula, hierarquicamente: saber-fazer e conhecimentos, funcionalidade e significação, técnicas e valores num espaço-tempo que oferece a cada um a oportunidade de uma presença para si e para a situação, por meio da mobilização de uma pluralidade de registros.* (JOSSO, 2004: 39).

A recuperação deste percurso se dá na interiorização de si, na busca das lembranças, recordações dos caminhos percorridos durante a vida, e que, no processo, conduzem a uma reconstrução na qual ocorre a organização e a produção de sentido.

> *O sentido para Jung nasceu de uma longa vida, rica de experiência, e de uma pesquisa da alma humana realizada através de décadas. Não há nenhuma resposta objetivamente válida à questão do sentido, pois, ao lado do pensamento objetivo, a avaliação subjetiva desempenha também a sua parte. (JAFFÉ, 1995: 14).*

Entendemos o sentido da elaboração como um novo processo de busca que leva à formação necessitada e que também traz igualmente uma perspectiva metodológica outra onde se visa olhar, questionar o adulto inserido na formação.

Marie-Christine Josso a este respeito revela três níveis de conhecimento. No primeiro nível, descreve alguns movimentos:

> ***Apresentar*** *o conhecimento de si por meio de recordações relativas a atividades, contextos e situações, encontros, pessoas significativas, acontecimentos pessoais, sociais,*

culturais ou políticos; recordar-se de si para si mesmo, numa partilha com outros, bem como na diferenciação e na identificação com as recordações dos outros;

__Revisitar__ o conhecimento deste "si" por meio do que diz dele a narrativa considerada no seu movimento geral e nas suas dinâmicas, nas suas periodizações, nos seus momentos--charneira (processo de formação, a fim de extrair, a partir daí, as características iden-titárias e as projeções de si, as valorizações que orientaram as opções, os elementos de autorretrato que dão os contornos de uma personalidade);

__Reinterrogar__ o conhecimento de si mesmo no jogo das semelhanças/ diferenças pro-vocadas pela comparação com as outras nar-rativas. (JOSSO, 2004: 68/69) (grifo nosso).

No segundo nível, Marie-Cristine Josso apresenta a evidência do processo de conhecimento:

Tomada de __consciência dos referen-ciais__ (saberes, ideologias, crenças) aos quais aderimos;

Tomada de __consciência da cosmogo-nia__ na qual nos inscrevemos, do seu caráter cultural e das concepções da causalidade

> que caracterizam a nossa relação com a mudança;
>
> Tomada de consciência da nossa maior ou menor disponibilidade para com **referenciais novos** que se ajustam mais ou menos bem aos nossos antigos referenciais, e/ ou que põem em questão a coerência da nossa hierarquia conceptual;
>
> Tomada de consciência das situações, dos acontecimentos, dos encontros que colocaram em questão ou fizeram evoluir os nossos referenciais, da **crise epistemológica** que eles provocaram, assim como os reajustamentos que tiveram de ser feitos. (JOSSO, 2004: 76/77) (grifo nosso).

Reconhecemos nesse nível nossa visão de mundo e nossa abertura à experiência, o que conduz a avançar para a perspectiva das necessidades de resolução.

No terceiro nível, evidência-se o processo de aprendizagem, emerge a figura do sujeito aprendente, para a nossa pesquisa um elemento central. Para que isso se torne possível, Josso descreve quatro formas de tomada de consciência :

> Tomada de **consciência das estratégias** nos três gêneros de aprendizagem;

> *Tomada de* **consciência** *das suas* **posturas de "aprendente";**
>
> *Tomada de* **consciência dos recursos afetivos,** *motivacionais e* **cognitivos** *que devemos mobilizar para efetuar uma aprendizagem, e das competências genéricas transversais a mobilizar;*
>
> *Tomada de consciência das escolhas de níveis de mestria visados e das* **etapas do processo** *de aprendizagem que lhes correspondem.* (JOSSO, 2004: 82) (grifo nosso).

Verificamos que esta postura de aprendente é abrangente, complexa e necessita atingir um nível de plenitude, decorrente da constituição de sentidos para o sujeito. Trata-se de um caminho a ser percorrido com muito cuidado, carinho e perseverança, e que, a nosso ver, não pode passar sem merecer a devida atenção.

Nesse intuito, continuamos a aprofundar a busca de referências em Josso (2004), e encontramos aí três ordens de expressão, no intuito de caracterizar a questão do sentido mais adequadamente, relativamente à pesquisa aqui efetuada.

Num primeiro tipo: "A pesquisa será classificada como 'busca de conhecimento', a menos que esta seja acompanhada e/ou terminada por uma atribuição de valor e/ou por consequência em termos de orientação ou de perspectiva" (2004: 99).

Num segundo tipo: "A 'busca de sentido' orientará uma pesquisa de significação e de orientação da ação que dela decorrerá, centrada num aspecto particular de nós mesmos ou do nosso ser em relação com o mundo" (2004: 99).

Num terceiro tipo:

> *(...) ganha um caráter filosófico ou religioso em torno do sentido que pretendemos dar à nossa vida, à comunidade à qual pertencemos, restrita ou ampliada, por meio de um conjunto de escolhas pessoais e sociais, e pode mesmo prolongar-se, para, além disso, por meio da preocupação de inserir o **sentido singular** das nossas escolhas de vida numa visão do devir humano que eu denomino então como **"busca de espiritualidade"**.* (JOSSO, 2004: 99/100) (grifo nosso).

Não podemos nos esquecer que os aspectos acima mencionados são, em Josso (2004), vistos como constituindo um processo de pesquisa, do qual nos apropriamos para melhor elaborar a percepção da questão da busca do sentido, que, para nossa perspectiva, é a que melhor se identifica com o escopo deste trabalho.

Josso oferece um caminho longo e complexo. Ao percorrer o processo da formação, faz referência às histórias de vida, que, quando relatadas, (re)experienciadas, vividas, tecem a produção do conhecimento. Esse novo processo de formação implica resgatar o vivido, e, com ele, o sujeito que aprende com a própria experiência, assenhorando-se de seu caminho.

Em Josso (2004), podemos buscar maiores esclarecimentos com relação a esse resgate, isto é, às histórias de vida que, como narrativas fundadas em sentidos necessários, se põem como peça fundamental.

> *(...) histórias de vida postas a serviço de um projeto são necessariamente adaptadas à perspectiva definida pelo projeto no qual elas se inserem, enquanto que as histórias de vida, no verdadeiro sentido do termo, abarcam a globalidade da vida em todos os seus aspectos, em todas as suas dimensões passadas, presentes e futuras e na sua dinâmica própria.* (JOSSO, 2004: 31).

Encontramos na formação e na aprendizagem de adultos um novo processo de formação fundamentado nos degraus da experiência, da reflexão, da produção do conhecimento, do cuidar do outro na acepção do zelo.

Observamos a possibilidade de ousar e inspiramo-nos no seu quadro conceitual disciplinar (durante a construção do quadro conceitual da pesquisa do Grupo), do qual consideramos alguns dados bastante importantes; foi, ainda e sobretudo, na Pesquisa Simbólica que pudemos encontrar elementos fundadores para a análise e elaboração dos símbolos, o que nos levou a uma vontade de aprofundar nosso conhecimento sobre as redes simbólicas e seu significado.

As pesquisas de Josso (2004), Furlanetto (2003, 2004, 2005, 2006, 2007) indicaram como importante um quadro disciplinar para a construção desta análise, pelas seguintes razões: a construção de sentidos, o dinamismo que acaba englobando várias percepções, racionais e emocionais, ligadas a um significado caracterizando a autonomia, nos parece bastante afinado com nossa preocupação em desvelar encaminhamentos para a questão do cuidar de si e do cuidar do outro.

2.2 O Cuidar e a Formação

Pensar a Formação como um processo que, além da obtenção de recursos técnicos, possibilite um encontro consigo mesmo nos aproxima de uma dimensão ainda não convenientemente explorada na formação, a do cuidar de si e do outro. A formação pode, nesse contexto, configurar-se como um processo, no qual se acolhe e cuida do educador para que, com base nessa experiência, ele possa abrir-se para cuidar do outro, seu aluno. Boff pode nos auxiliar a compreender quem é o outro

O outro se dá sempre sob a forma de homem e mulher. São diferentes, mas se

encontra no mesmo chão comum da humanidade. Ambos realizam em seu modo singular, a essência humana, abissal e misteriosa. A diferença entre eles não é algo fechado e definido, mas algo sempre aberto e plasmável, pois se encontram na permanente interação e reciprocidade. (...) Exige inventar relações que propiciem a manifestação das diferenças não mais entendidas como desigualdade, mas como riqueza da única e complexa substância humana. (BOFF, 2007: 139/140).

Para Boff, o cuidar implica reconhecer o outro como diferente e inventar e estabelecer relações que favoreçam o acolhimento e o crescimento do outro como ser singular capaz de tecer caminhos próprios em busca do crescimento.

Encontramos, nos postulados de Boff (2007), níveis discriminados do cuidado: o corpo, a alma, a mente. Boff (2007) relata com muita clareza o processo de cuidado que favorece a cura dos males que afetam o corpo e a mente, ulilizando, para tanto, exemplificações de contextos diversos:

A cura acontece quando se cria um novo equilíbrio humano. Então o pecado-doença dá lugar à graça-cura. Em Epidauro, as curas eram processadas de forma holística, através

> *de métodos diferenciados: pela dança, música, ginástica, poesia, ritos e sono sagrado. Havia o Abaton, santuário onde os enfermos dormiam para terem sonhos de comunhão com a divindade que os tocava e curava. Havia o Odeon, local onde se podia ouvir música tranquilizadora e eram lidos poemas de enlevo. Havia o Ginásio, onde se faziam exercícios físicos integradores da mente/corpo. Havia o Estádio, para esportes de competição para melhorar o tônus corporal. Havia o Teatro, para dramatização de situações complexas da vida para dramatizá-las e facilitar a cura.* (BOFF, 2007: 146).

Podemos verificar que, para Boff (2007), o cuidar se mostra como um processo de cura, e esse aspecto é fundamental para a nossa reflexão; sabemos que "curar" e "cuidar", etimologicamente, derivam de uma mesma raiz, embora na linguagem cotidiana deixemos de perceber essa profunda relação. Assim, o cuidar relacionado à formação fornece também uma dimensão terapêutica para o processo de formação. Nessa perspectiva, os processos de formação, ao acolherem as histórias de vida dos educadores e seus sentidos, estarão se abrindo para que o "mal-estar docente" possa ser verbalizado, explicitado e discutido nos espaços formativos. As Matrizes Pedagógicas dos professores comportam zonas de luz, mas também de sombras que dizem respeito aos conteúdos que não podem ser imediatamente elaborados e muitas vezes nem acolhidos pela consciência e que necessitam de espaços permeados pelo respeito e pela confiança para poderem vir à luz e serem trabalhados.

Com base nessas considerações, parece-nos apropriado explorar cuidadosamente com relação a esse conceito central na obra de Furlanetto (2003, 2004, 2005, 2006, 2007), uma vez que nossa investigação busca propor alternativas subsequentes para a formação de profissionais da educação.

A autora, estudiosa da obra de Jung e de suas implicações e derivações para o fenômeno educativo, traz contribuições de grande riqueza para a abertura que o nosso trabalho de pesquisa parece comportar.

2.3 Matrizes Pedagógicas

Furlanetto (2004) compreende o sujeito como um ser multifacetado, plural, que busca em seu percurso um encontro com o si mesmo. Com base em várias pesquisas realizadas, Furlanetto (2004) observou que os docentes têm uma espécie de "professor interno", núcleo de onde emanam as suas ações pedagógicas. Esse conceito nos permite explorar de maneira articulada as dimensões conscientes e inconscientes da formação que ainda não receberam atenção suficiente. A autora nos faz, assim, aproximar do conceito de Matriz, explorando suas dimensões simbólicas.

> Do ponto de vista mitológico, a palavra matriz também está relacionada ao útero, ninho de fecundidade de gestação da vida. Para Chevalier e Greerbran (1998), a mãe terra também é vista como uma grande matriz que gesta a natureza, responsabiliza-se pela sua fecundidade e regeneração. Para a mitologia indiana, as minas configuram-se como matrizes de onde se extraem os minerais, e as pedras preciosas crescem dentro dos rochedos que assumem o caráter de uma matriz. (...) a associação mais preciosa rica origina-se no Veda. A matriz do Universo é reconhecida como Prakriti, a substância universal também identificada com Brama. Garbha (matriz) é também o recipiente que serve para conter o fogo do sacrifício. A matriz Veda ao mesmo tempo em que se apresenta como fonte do manifesto, é também o lugar da imortalidade, o vácuo central da Roda Cósmica. A matriz pode ser (...) local no qual o iniciado vive experiências iniciáticas e recebe a designação de seu novo nascimento. (FURLANETTO, 2004: 26/27).

Observamos que a Matriz está relacionada simbolicamente, assim, com útero, minas, recipiente, vácuo central, local de iniciação. Ela nos remete ao nascimento e às transformações. A autora observou que os professores também possuem um núcleo central em que guardam registros que podem configuram sua compreensão do que seja um professor.

> *As Matrizes Pedagógicas podem ser simbolicamente consideradas em espaços, nos quais a prática dos professores é gestada. Conteúdo do mundo interno encontra-se com os do mundo externo e são por eles fecundados, originando o novo. A matriz, além de configurar-se como local de fecundação e gestação, também se apresenta como possibilidade de retorno, em busca da regeneração e da transformação.* (FURLANETTO, 2003: 27).

No momento em que os educadores entram em contato com suas Matrizes Pedagógicas, percebem que estavam em formação muito antes de participarem de processos de formação sistemáticos. Eles se formam, desde as primeiras relações, estabelecidas com nossos pais, avós, irmãos, tios e colegas. Ao se tornarem adultos, também continuam aprendendo com o outro, não só aquele que assume a figura de mestre, mas com todos aqueles que para ele se tornam significativos.

O processo de formação se constrói nos espaços intersubjetivos, nos quais se tecem movimentos sutis por meio de encontros que ampliam níveis de consciência e permitem olhar para o mundo de outros lugares. Para isso, é necessária a presença do afeto, carinho e, principalmente, aceitação do outro como uma legítima alteridade.

> *Quem não se lembra do aperto no coração, da alegria que flui, do brilho no olho, quando vemos pela primeira o que esteve sempre ali, quando deciframos o oculto, quando percebemos um pequeno detalhe? Dessa forma, quando aprendemos, entregamo-nos aos sinais e, lendo os indícios, transcendemos e descobrimos outros níveis de realidade, que permitem que estabeleçamos conexões e reinventemos sentidos, recriando-nos nesse processo.* (FURLANETTO, 2004: 5).

Sabemos que, quando buscamos nosso próprio percurso de vida, quando conseguimos nos apropriar desse novo processo de formação, presente, vivo, o papel dos profissionais da educação é reconstituído, desenvolvido, e o retorno e identificação das Matrizes próprias, reconhecendo-as, revendo-as, levam a visualizar espaços de regeneração da prática pedagógica.

CAPÍTULO 3

DESENHO METODOLÓGICO: UM CAMINHO A PERCORRER

O tipo de pesquisa aqui desenvolvida tem essencialmente natureza qualitativa, sendo determinada pelo propósito específico do estudo, que procura em elementos simbólicos buscar apoio para proceder à análise posterior.

Neste sentido, esta pesquisa caracteriza-se igualmente pela construção do próprio caminho que podemos entrever no modo de organização do conhecimento produzido, os princípios norteadores.

Fomos buscar apoio na Psicologia Analítica de Jung e a possibilidade da fundamentação, através da Pesquisa Simbólica, de nosso caminho.

3.1 Pesquisa Simbólica

Optamos pela abordagem de pesquisa simbólica em nosso trabalho, uma vez que esse tipo de pesquisa permite traçar um caminho que se pauta pela emergência e a possibilidade de elaboração de símbolos que se apresentam no contexto da investigação.

Para compreendermos esse tipo de pesquisa, necessitamos explorar um de seus conceitos fundamentais, o de símbolo. A palavra símbolo

> *É de origem grega – symballo é um "sinal de reconhecimento, formado pelas duas metades de um objeto quebrado que se reaproximam".* (LALANDE, 1999: 1079).

O símbolo contém, assim, a ideia de duas partes separadas, mas destinadas a se reencontrar para cumprir seu destino de possibilitar uma junção. Aprofundando essa ideia, Furlanetto observa que:

> *Um símbolo nos remete inicialmente à tensão existente entre o consciente e o inconsciente. (...) Os símbolos possibilitam esses*

> *encontros fugazes que estabelecem a comunicação entre essas duas instâncias (...).* (FURLANETTO, 2003: 33).

Para que possamos compreender as mensagens dos símbolos, é necessário nos situarmos em outro patamar de consciência, que torne possível considerar a sutileza de um olhar, dos gestos, da fisionomia, indícios de uma subjetividade que se exprime de inúmeras formas.

Furlanetto (2007), ao descrever os caminhos da elaboração simbólica, apoiou-se em Pieri (2002) para poder fazer referência a três eixos que articulam com consistência os processos aí imbricados, e que, para nós, acabaram se revelando de suma pertinência.

O primeiro deles diz respeito ao **"saber que não se sabe"**, que, segundo Furlanetto (2007), sugere uma proposta de interrogação contínua do sujeito. Esse pressuposto nos aloja no lugar do não saber, no estado de dúvida que, ao ser suportado, nos possibilita construir novas respostas.

Ao mesmo tempo, quando procuramos encontrar e decifrar os símbolos que emergem no contexto da pesquisa, descobrimos que **"não existe um caminho pronto"**, mas que ele é traçado ao longo do curso do caminhar, sendo tecido no espaço de intermediação que se estabelece entre pesquisador, sujeitos e objeto de pesquisa.

Durante o caminho traçado como pesquisadora iniciante, foi possível experimentar o terceiro eixo, **"a reciprocidade do encontro"**. O movimento tecido pelo pesquisador e colaboradores em busca da ampliação dos horizontes de compreensão do objeto colocado no horizonte da investigação possibilitou o surgimento de símbolos que, como fios, compõem uma trama. **Redes de Formação** é um conceito que cheguei em minha pesquisa de mestrado e significa que:

> *A formação pessoal, profissional se dá por meio das interações que acontecem entre as pessoas. Essas interações, porém, se dão numa Rede na medida em que não são lineares, pois possibilita as interconexões de maneira imprevisível, ou seja, as pessoas tomam caminhos inusitados seguindo diferentes possibilidades como as oferecidas numa Rede.* (CUNHA, 2009).

Representa atualizar potenciais nos espaços nos quais a relação consigo mesmo e com o outro levou-me a crer que as **Redes de Formação** representam uma dinâmica, uma estrutura.

Furlanetto (2007) descreve três movimentos que favorecem os momentos de elaboração dos símbolos: **"circundação"**, **"ampliação"** e **"reconstelação"**, os quais passamos a explicitar a seguir.

Para compreender os símbolos que emergem no contexto da pesquisa, é essencial circundá-los, e tal ação implica olhá-los de diversos ângulos. A autora, ao descrever o movimento de circundação, faz referência a uma forma de compreensão pautada no acolhimento de compreender o real.

> *Busca compreender a realidade, compreender no sentido de abraçar e acolher o real, uma forma matriarcal de produzir conhecimento, diferente do sentido de entender, talvez mais comprometido com o penetrar, um movimento patriarcal de conhecer.* (FURLA-NETTO, 2007: 6).

Esse movimento de permanecer em torno de um símbolo anuncia que a compreensão simbólica necessita demandar um tempo que não é o linear, objetivo e apressado. Ela requer um tempo de espera para que aquilo que ainda não se desvela possa tornar-se visível. A elaboração de um símbolo, conforme postula Furlanetto, requer uma multiplicação de sentidos.

> *O processo de elaboração simbólica configura-se como um processo de produção de conhecimento. No trato com seus pacientes, Jung buscava provocar processos de ampliação de consciência e para isso os estimulava a*

olhar seus dilemas dificuldades como símbolos que, ao serem vistos por outros ângulos, permitiriam a construção de novos significados que redimensionam o lugar e a energia que ocupavam na psique. (FURLANETTO, 2007: 4).

Neste sentido, podemos perceber que a pesquisa simbólica consegue adquirir o *status* de uma experiência original e reveladora que envolve pesquisador e colaboradores.

Localizamos também um outro movimento fundamental, a **amplificação,** segundo o qual a "elaboração de um símbolo requer uma multiplicação de sentidos que ocorre, inicialmente, com base nos referenciais conhecidos, mas implica também uma abertura para outros sentidos que rompem com os quadros de referência já construídos". (FURLANETTO, 2007: 6).

O terceiro elemento é a **reconstelação,** que consiste em atingir um patamar de consciência que permite olhar para os símbolos de um outro lugar. Ao nos afastarmos do "sempre igual", somos impulsionados a explorar novos territórios que nos demandam a desconstrução e a reconstrução de mapas capazes de registrar as descobertas. (FURLANETTO, 2007: 6).

Compreendemos que, no movimento de amplificação, ocorre uma preparação do terreno para o próximo movimento, reconstelação. Enquanto no primeiro movimento vai-se buscar apoio, reconhecimento nos referenciais conhecidos, nossas primeiras raízes durante a formação, encontramos no movimento de reconstelação o momento de nos afastarmos da "mesmice", colocar novos óculos, para saltarmos para outros lugares, e só assim encontramos o nosso caminho. Apesar de termos apresentado a sequência como usualmente costumamos, em linearidade, os processos, na realidade vão se entrelaçando, interpenetrando, constelando.

3.2 O Cenário da Pesquisa

O Grupo de Desenvolvimento Pessoal e Profissional está localizado no Sindicato dos Auxiliares e Administradores Escolar de Campinas e Região e o corpo administrativo é composto por um presidente, vários diretores e secretárias. Diversos tipos de serviços são oferecidos através do corpo clínico, tais como: atendimento psicológico, pediatria, ginecologia, clínica geral, atendimento odontológico e advocacia. Estes serviços estão disponíveis a todos os associados que trabalham nas escolas e universidades particulares de Campinas e região.

Estes associados buscam o atendimento psicológico, pois muitas vezes se encontram angustiados com problemas pessoais e profissionais para os quais não vislumbram soluções. Alguns deles, com base em uma triagem, são encaminhados para o Grupo de Desenvolvimento Pessoal e Profissional. O Grupo foi organizado de modo a proporcionar um espaço onde se possa intuir, sentir e falar de si e das experiências vividas do cotidiano, no sentido de pensar em possibilidades mais efetivas de estar na vida. Ele tem a duração de um ano e organiza-se em torno de atividades que se pautam em diversas formas de expressão, além da verbal.

3.3 Os Colaboradores

Optamos por nomear os participantes da pesquisa de colaboradores, pois observamos que eles, ao fornece-rem seus depoimentos, foram explicitando não apenas o trabalho desenvolvido no Grupo, mas a dimensão que este assumiu nas suas vidas, colaborando dessa forma para uma maior compreensão do objeto estudado.

Os colaboradores da pesquisa, seis (6) profissionais da educação, associados ao Sindicato, que participaram do Grupo de Desenvolvimento Pessoal, situam-se na faixa de idade entre 35 a 45 anos. Todos trabalham em diversas escolas e universidades particulares da cidade de Campinas. Ocupam os cargos de: recrea-cionista; serviços gerais; lavanderia, auxiliar de sala; bibliotecária e secretária no departamento de pessoal. O nível de escolaridade é o magistério completo; médio completo; médio incompleto, superior incompleto e superior completo.

O critério utilizado para convidar os colabora-dores foi o de que tivessem frequentado o Grupo de

Desenvolvimento Pessoal e Profissional durante um ano sistematicamente.

Todos concordaram em participar da pesquisa, tendo sido esclarecidos quanto à publicação; receberam informações sobre os possíveis benefícios decorrentes e também foram garantidos sobre os direitos de confiabilidade, como também sobre o consentimento de abandonarem a pesquisa no momento em que desejassem. Correspondentemente, assumimos o compromisso de disponibilizar os resultados da pesquisa para os participantes.

Tabela 1: **Perfil dos colaboradores da pesquisa**

	Colaboradores					
	1	2	3	4	5	6
Faixa etária						
35 a 40 anos				X		
41 a 45 anos	X	X	X		X	X
Escolaridade						
Magistério completo						X
Médio incompleto		X				
Médio completo			X			
Superior incompleto	X			X		
Superior completo					X	
Profissão						
Auxiliar de sala	X					
Bibliotecária					X	
Lavadeira		X				

	Colaboradores					
	1	2	3	4	5	6
Profissão						
Recreacionista						X
Secretária de departamento pessoal			X			
Serviços gerais				X		

Fonte: a autora.

3.4 As Entrevistas

Optamos por utilizar a entrevista como procedimento de pesquisa, pois acreditávamos que dessa forma poderíamos construir com os entrevistados um campo relacional no qual pudessem emergir símbolos.

Por outro lado, tendo em vista aspectos por nós considerados essenciais com relação à manifestação de todo tipo de informação que pudesse subsidiar nossos passos, consideramos que os comentários de autores como Ludke e André pareciam bastante elucidativos.

> *A grande vantagem da entrevista sobre outras técnicas é que ela permite a captação imediata e corrente da informação desejada, praticamente com qualquer tipo de informante e sobre os mais variados tópicos. Uma entrevista bem feita pode permitir o tratamento de assuntos de natureza estrita-*

> *mente pessoal e íntima, assim como temas de natureza complexa e de escolhas nitidamente individuais.* (LUDKE e ANDRÉ, 1986: 34).

Entre outros autores, aquele que nos apontou fatores também tidos por centrais para nós, Szymanski (2004), considera que a entrevista possibilita a interação face a face e a experiência humana relacional do conversar, o que, segundo Maturana por ele citado, é "o entrelaçamento do linguajar e do emocionar".

> *No conversar, portanto, temos um contínuo ajuste de ações e emoções. Maturana (1993: 10) vai mais longe, afirma que é a emoção que define a ação: "a existência na linguagem faz com que qualquer atividade humana tenha lugar numa rede particular de conversações, que se define em sua particularidade pelo emocionar que define as ações que nela se coordenam".* (SZYMANSKI, 2004: 11).

Optamos por realizar uma entrevista aberta. Como pesquisadora iniciante, fizemos uma entrevista-piloto com o intuito de nos situar no papel de pesquisadora e traçar um roteiro inicial para a entrevista.

Apresentação

Para iniciar a entrevista, utilizamos como aquecimento a apresentação formal da pesquisa e a atualização dos dados pessoais. Fizemos um pequeno ensaio com o gravador, adequando a tonalidade do som, para que não ocorresse a preocupação em falar muito próximo do gravador. Tanto os colaboradores quanto o pesquisador estavam confortavelmente sentados.

Ao final da entrevista, escutar a própria voz revelou-se curiosamente gratificante e os colaboradores até fizeram comentários positivos quanto ao som da própria voz. Também foram instruídos quanto aos resultados, que se apresentam na finalização da dissertação.

As entrevistas com os sujeitos da pesquisa foram feitas na mesma sala em que o Grupo de Desenvolvimento Pessoal e Profissional acontece; foram gravadas, cada uma teve a duração média de 30 minutos e foram transcritas em sua íntegra. Os colaboradores puderam construir narrativas para explicitar os sentidos que atribuíram aos seus processos de formação. O pesquisador colocou-se em uma posição de escuta, embora sem que se adotasse uma atitude notadamente passiva. Aliás, a esse propósito, parece-nos de interesse fazer notar a observação seguinte, ou seja, é importante considerar a experiência e o desempenho do pesquisador nas entrevistas face a face, uma vez que, por diversas vezes, surge a necessidade de preservar um caráter dinâmico na condução das investigações. E um comentário de Szymanski (2004) apresenta, com relação a esse tipo de preocupação, uma posição bastante reveladora:

> *Aponta para o cuidado de não apresentá--las como algo definitivo, mas sim como um instantâneo que congela um momento, mas que traz em seu interior a possibilidade de transformação.* (SZYMANSKI, 2004: 58).

O roteiro da pesquisa foi tecido segundo ciclos de movimentos, nos quais os motivos que mobilizaram a procurar o Grupo passaram a atuar como um fio da meada que se vai entrelaçando com as experiências marcantes, contribuindo para a explicitação das condições do processo de formação desses profissionais da educação que exercem atividades em Instituições Escolares.

Foi montado o seguinte roteiro para a entrevista:
- Motivos que mobilizaram a procurar o grupo.
- Elementos indicativos da existência do grupo.
- Experiências marcantes e mudanças delas decorrentes.
- Contribuições do grupo.

3.5 A Organização do Conhecimento Produzido

Lendo, relendo e reelaborando os níveis de significação das entrevistas, observamos que os textos originados dos relatos efetuados pelos colaboradores da pesquisa falavam de movimentos tecidos em vários percursos da vida, tramas elaboradas com fios de alegria, dor, esperança, tristeza que foram entrelaçados e fortificados com afeto e carinho. Cada pedacinho da história foi cuidado com muito amor.

O estudo dos textos possibilitou localizar alguns eixos mais evidentes em torno dos quais se articulavam símbolos. Essas configurações favoreceram a composição de Redes de Formação que compreendem, portanto, a articulação existente entre símbolos diversos que podem ser atualizados em emoções, gestos, palavras ou imagens que, em conjunto, estabelecem e exprimem conteúdos significativos.

Na sequência, apresentamos as Redes de Formação que, emergindo no contexto de pesquisa, puderam ser codificadas como tal por nós. Embora as redes possam ser mais elaboradas, foram construídas a partir das falas dos colaboradores. Portanto, este momento subsequente ainda está por ser mais adequadamente refletido.

1ª Rede de Formação: Necessidade de Busca.

O sujeito vem imbuído e comprometido a encontrar um novo rumo para os problemas, dificuldades, angústias do seu dia a dia.

2ª Rede de Formação: Caracterização do Processo de Aprendizagem.

O sujeito começa a perceber, distingue, caracteriza, torna evidente, assinala o próximo passo.

3ª Rede de Formação: O Processo de Aprendizagem.

Visto como o estado de mudança, reconhecimento do caminho percorrido no Grupo.

4ª Rede de Formação: O Sentido da Experiência.

A possibilidade de falar sobre o que nos tocou e nos toca, sobre as constelações de relações que possibilitaram sermos quem somos. Perceber qual o sentido segundo o qual o sujeito atribui a si seu jeito de estar no mundo.

5ª Rede de Formação: O Sentido da Reflexão.

Surge como possibilidade de articulação do espaço interno e externo. Expressa-se como disposição para questionamentos de si e da realidade.

6ª Rede de Formação: A Busca por meio da Formação.

Reconhecer-se enquanto ser humano, protagonista de uma história que tem começo, mas que ainda não está finalizada e, portanto, está em aberto para novas possibilidades.

CAPÍTULO 4

REDES DE FORMAÇÃO POR MEIO DAS INDICAÇÕES PRESENTES NAS FALAS DOS COLABORADORES

Anteriormente descrevemos os três movimentos tecidos no contexto de uma pesquisa simbólica: circundação, amplificação e reconstelação.

Para nos aproximar do material produzido no contexto da pesquisa, tecemos inicialmente o movimento de circundação que se constituiu em ler inúmeras vezes o material das entrevistas buscando olhá-lo de diversos lugares. Na medida em que esse processo foi vivenciado, os símbolos foram emergindo e auxiliaram no tecer de mapas simbólicos que permitiram uma primeira compreensão do conteúdo que emergiu nas entrevistas. Com base nesse primeiro movimento, construímos os princípios norteadores.

Para ampliar a compreensão inicial e elaborar os símbolos que compõem os princípios norteadores, executamos o segundo movimento: o de amplificação, que se deu por meio dos diálogos com os autores que dão sustentação teórica à pesquisa.

O terceiro movimento, de reconstelação, permitiu uma reorganização do conhecimento e uma amplificação da consciência individual e coletiva a respeito do tema da pesquisa.

4.1 1ª Rede de Formação: Necessidade da Busca

Segundo Esteves (1993), conhecer as necessidades ajuda na organização nas decisões diminui a resistência ao novo e possibilita uma tomada de consciência de si e das possibilidades de avançar.

Compreendemos que, por trás do ato de procurar o Grupo, existe um desejo maior de encontrar saídas para as mais diversas situações do cotidiano.

Os colaboradores, referindo-se aos motivos que os levaram a procurar o Grupo, comentam:

C1 – Procurei assim porque estava tendo muita **dificuldade** nas aulas, na faculdade.

C2 – Eu estava passando por um momento, eu **não estava conseguindo superar alguns problemas sozinha**.

C3 – Pra tentar, porque eu estava com problemas de família e eu **não estava conseguindo lidar com esses problemas**, não estava conseguindo trabalhar esses problemas, eu estava achando que era um caminhão de coisas que estavam influenciando tanto na minha vida conjugal, como na minha família.

C4 – Ah! Porque eu estava **precisando na verdade me encontrar**, **não estava conseguindo pensar** nas coisas que vinham acontecendo ao redor de mim.

C5 – Porque senti que a **necessidade de trabalhar alguns pontos**. Eu achei muito importante porque eu tinha este serviço pela minha empresa e tinha referência sobre seu trabalho que era psicodrama, que eu já tinha tido uma experiência de grupo de mães.

C6 – Ah!...porque há muito tempo tinha **vontade,** eu tinha plano de saúde, mas o plano de saúde só tinha psiquiatra, eu fui em dois psiquiatras. Só que eu não gostei deles. "Não é isso que eu quero". E continuei procurando. Aí ela me falou: por que você não vai no sindicato, no sindicato tem uma psicóloga, quem me indicou foi a Cidinha. Lá da escola, onde eu trabalho.

Com base nos depoimentos dos colaboradores, localizamos alguns símbolos que, ao serem elaborados, nos possibilitam compreender, como Ponto de Partida, a necessidade de busca que pode fazer verificar, com base nas falas, momentos da vida que são superiores ou não encontrar saídas, mas que, quando encontradas, colocam em movimento a vontade entendida no gesto, no agir, no lançar-se introspectivamente.

Encontramos no espaço do Grupo a possibilidade de fazer, desfazer, acertar e errar sem medo do julgamento. O que configuraria já uma aproximação do cuidar.

A seguir, a figura com os símbolos é apresentada.

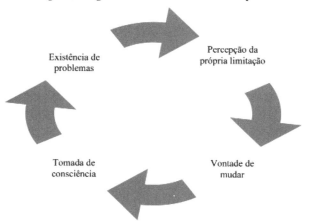

Figura 2: **O Ponto de Partida: Necessidade de Busca** (Fonte adaptada da autora)

Observamos que os indivíduos buscam ajuda quando se veem frente a problemas e situações que consideram críticos, reconhecem que eles existem, percebem-se sem recursos para lidar com eles e sentem vontade de sair dessa situação.

Os problemas, o sofrimento, a angústia são alavancas que impulsionam o sujeito a ir em busca de novas possibilidades. O símbolo revela a existência de problema.

A existência de problemas

O processo de desenvolvimento dos adultos parece estar intimamente ligado à existência de momentos ou acontecimentos significativos que desalojam os adultos de suas zonas de conforto, obrigando-os a ir em busca do equilíbrio perdido.

Josso (2004) refere-se a **momentos charneiras**, e, a este respeito, revela o movimento de apresentar o sentido de conhecer a si por meio das recordações que podem ser acontecimentos pessoais significativos. Ao analisar as histórias de vida de profissionais da Educação e da Saúde, em processo de formação, observou que elas são pontuadas por acontecimentos que provocam transformações e redimensionamentos nos trajetos existenciais.

Furlanetto também faz referência à importância dos desafios e dos problemas nos processos de mudanças dos educadores.

Ouvi relatos de professoras, cujos problemas com filhos adolescentes fizeram com que elas fossem em busca de ajuda para lidar com eles, esse movimento não favoreceu somente uma revisão de seu papel materno, mas de seu papel como professora. Alguns professores são deslocados de suas atitudes anteriores por acontecimentos dentro da própria escola. Uma classe difícil que coloca em xeque as maneiras como o professor costuma lidar com os alunos. A chegada de um colega novo que parece possuir mais conhecimento e que se transforma num espelho, no qual é possível perceber que ainda tem muito para aprender. Estes acontecimentos revestem-se de um colorido intenso, parecem capturar esses sujeitos impõem-se de forma a exigir um encontro profundo com processos existenciais. (FURLANETTO, 2003: 43).

Entendemos ser fundamental, nessa orientação, a presença/existência de um espaço onde se possa receber o novo, comprometido com o processo de formação, onde se possa pensar, ouvir, falar, intuir enquanto sujeito participante que amplia sua percepção de reconhecimento da própria limitação.

Percepção da própria limitação

Observamos por meio dos depoimentos dos colaboradores que eles tomam consciência de seus problemas, mas se percebem sem recursos para mudar. Frente a essa situação, sentiram necessidade de pedir ajuda. Buscaram o Grupo, porque não estavam conseguindo pensar, refletir e precisavam ser cuidados para continuar caminhando. Boff refere-se ao cuidar enquanto totalidade existencial. "Toda cura deve reintegrar as dimensões da vida sã, no nível pessoal, social e no fundamental que diz respeito ao sentido supremo da existência e do universo". (BOFF, 2007: 143).

É possível refletir sobre o novo papel no processo de formação, expresso com a supervisão, que ocupa o lugar na relação do cuidar, como se fosse uma "lanterninha" no meio da floresta onde colaborador e coordenador caminham lado a lado, podendo traduzir o que não está sendo alcançando no momento, mas favorecendo o despertar da vontade de prosseguir.

Vontade de mudar

A vontade de mudar emerge quando o sujeito pode canalizar e transformar sentimentos como a angústia, a tristeza, o medo, a raiva em energia construtiva. Ao invés de ser devorado e imobilizado por esses sentimentos pode, por meio deles, avançar.

Fomos buscar compreender a vontade, em um estado interno, um desejo, uma expectativa que mobiliza, e nos centrarmos no termo movimento, que vem do verbo latino **Moveo**, cujo sentido próprio pode ser descrito como: "Pôr em movimento, mover, agir (...). Impelir, lançar". (FARIA, 1962: 623).

Assim, para nós, movimento, de alguma maneira, tem inicialmente uma acepção baseada em observações do tipo tal como aparece na citação a seguir:

> Muitas vezes é como que uma espécie de mudança lenta do caráter da pessoa; outras vezes são traços desaparecidos desde a infância que voltam à tona; às vezes também antigas inclinações e interesses habituais começam a diminuir e são substituídos por novos. (JUNG, 1991: 345).

Nesse momento, podemos recuperar um trecho bastante pertinente as observações feitas por Pineau (2003), a respeito do aprender a ouvir o ambiente, enfatizando a dimensão Ecoformativa da formação, ajudando-me a compreender as raízes de minha prática, despertando-me para o aprender a ouvir as necessidades inerentes à formação.

Aí, parece-nos ser possível verificar que o papel que a motivação exerce com relação à própria vontade de mudar amplia a consciência no sentido de maior clareza.

Tomada de Consciência

Observamos que nem todos que estão enredados em dificuldades admitem que elas existam e necessitam ser enfrentadas. Para que os sujeitos busquem sair de situações difíceis e constrangedoras necessitam tomar consciência da existência delas. Os adultos possuem uma bagagem de experiência que muitas vezes torna-se muito pesada e necessita ser revista para que o que não tem mais significado possa ser descartado.

Constatamos que a maioria de nossos colaboradores encontra-se por volta dos 40 anos. Esse momento da vida é considerado um momento de passagem e de construção de uma nova atitude frente à vida. Silveira, com base em Jung, relata que:

> *Na segunda metade da vida as tarefas são diferentes. Acabou o tempo da expansão. Agora é tempo de colher, de reunir aquilo que estava disperso, de juntar coisas opostas, de concentrar. Na nossa civilização trepidamente a coisa mais difícil que há é parar um pouco, é quebrar a lei que impede a mudança de um estado de permanente agitação para um estado de relaxamento de tensão.* (SILVEIRA, 1975: 177/179).

O movimento encontrado neste princípio norteador, latente, apresenta quatro tipos de conhecimentos produzidos durante o processo de análise anteriormente indicada apresentada e eles podem se refletir como:

- Pensar as coisas ao redor.
- Perceber a realidade.
- As dificuldades.
- As limitações.

4.2 2ª Rede de Formação:
A Descoberta das Necessidades

O Grupo de Desenvolvimento Pessoal e Profissional tem como função primordial possibilitar que os participantes percorram caminhos singulares em busca de formas mais adequadas e produtivas de estar na vida. Para isso, é necessário que se inicie um lento e cuidadoso processo de nomeação das dificuldades e descoberta das necessidades. Em razão disso, dentro dos parâmetros delimitados pelo funcionamento do grupo, torna-se possível a emergência do que poderíamos ver como princípio norteador.

Encontramos diversos traços nas falas dos colaboradores, apresentadas a seguir, que nos permitem remeter à verificação dessa situação:

C1 – Eu tinha dificuldade, ao mesmo tempo que terminava de ler a professora explicava alguma coisa, eu já **esquecia**, **não entrava**. Mesma coisa lá em casa, assim, muito esquecida assim e muito **distante de mim**.

C2 – Ah! eu creio que a **necessidade própria.**

C3 – Ah! Tentar melhorar, tentar, acho **que trabalhar um pouco esse meu lado de mãe**, porque pelo menos a gente queira ou não, ah! Influenciou bem na minha família. Eu já tava muito **desgastada,** eu estava assim ao ponto da separação, eu e o meu esposo. Então foi isso.

C4 – Ah!!... Foi mais assim, coisas pessoais, **vida de casal,** também, que mais me incentivou a procurar.

C5 – É uma **necessidade de trabalhar alguns pontos** que eu até identificava, **mas não sabia lidar**.

C6 – Assim era, eu não sei explicar, o que era, é uma coisa assim, tipo assim, igual você falou: Você é uma pessoa de coragem, fica essa coisa, que você falou, eu sou isso mesmo, mas é que mesmo quando a gente cresce, **a gente precisa ver que você é assim**, você é forte, você é isso, você é aquilo e eu acho isso aí, me ajudou muito, eu sei que eu sou. Mas eu acho que **eu preciso de alguém, pra falar**, nessa coisa.

Ao lermos os depoimentos dos colaboradores, observamos que existe um movimento de reconhecimento de suas dificuldades, bem como uma maior consciência de suas necessidades.

A possibilidade de confronto apresenta a descoberta de necessidade, no movimento de ouvir o outro, recuperando aspectos importantes a serem trabalhados.

Demonstramos na figura 3 a configuração obtida:

Figura 3: A descoberta das necessidades
(Fonte adaptada da autora)

Necessidade de Falar

Observamos o papel desempenhado pelas necessidades de falar, necessidade de se aproximar de si; necessidade de aprender a lidar com os problemas, necessidade de se conhecer. Elas parecem ser as grandes mobilizadoras dos movimentos de expansão da consciência.

Jung (1983) faz referência ao papel que as necessidades desempenham em nossas vidas. Segundo o autor, sem haver necessidade nada muda, muito menos a personalidade humana que contém dimensões profundamente conservadoras, sendo que somente as necessidades conseguem colocá-la em movimento.

Mais que ilustra aqui a remissão a Furlanetto (2003), que recupera um mito grego que faz referência a deusa Necessidade, expõe nossa preocupação mais constante:

> *Existia uma deusa chamada Ananque, ou necessidade, cuja função era presidir uma sessão, na qual as almas, antes de retornarem a terra, recebiam um destino determinado pelos deuses e elas tinham como missão cumpri-lo. No entanto, ao retornar a terra, acampavam à beira de um rio cujas águas, ao serem bebidas, provocavam esquecimento. Ao nascer, as almas não se lembravam para que tivessem nascido, mas, para cumprir a missão esquecida, contavam com o auxílio da deusa Ananque que se manifestava aos seres humanos a partir das necessidades. Essa imagem nos possibilita uma maior aproximação representada pelas necessidades em nossa vida, percebidas desde há muito tempo pela cultura grega* (FURLANETTO, 2003: 45).

A autora apresenta o rico papel que as necessidades representam em nossas vidas, quando se apresentam nos obrigando a corrigir as rotas e impelindo-nos a fazer travessias pautadas na aproximação de si, o que, muitas vezes, é feito por mediações representadas pela presença e atuação de outras pessoas.

Necessidade de se aproximar de si

Encontrar em si mesmo a melhor companhia, caminhar de mãos dadas com sua capacidade de expressão, seu potencial e sobretudo os vários papéis que se necessita desempenhar no seu cotidiano de mãe/profissional/filha/esposa, parece poder exprimir e configurar uma situação vital.

Conseguir se olhar com olhos de ver é descobrir a verdadeira amiga em si, sem julgamento, aceitar-se com todos os defeitos e qualidades. Neste sentido, a palavra vai tomando forma, e se reúnem as condições para que ela possa se atualizar, ou seja, adquirir efetividade.

Apreendemos, através dos exemplos, com as narrativas e as diversas expressões nos gestos, aproximando-nos e distanciando-nos, movimentos importantes para aprender a lidar com os problemas.

Necessidade de aprender a lidar com os problemas

Encontramos em Josso (2004) recursos de consciência pautados na afetividade, no cognitivo e na motivação, importantes para a aprendizagem; são esses recursos que, quando mobilizados, podem levar à concretização e maior flexibilidade em lidar com os problemas.

> *O trabalho sobre os processos de aprendizagem, em articulação com o processo de formação, permite colocar mais especificamente em evidência as relações entre os processos de aprendizagem e a dimensão motivacional, no sentido empregado por Nuttin, apontando assim o contexto afetivo e significativo do seu desenvolvimento em torno da dialética interioridade/exterioridade.* (JOSSO, 2004: 81).

O novo processo de formação aponta para a descoberta daquilo que movimenta o que cada um tem de mais significativo em si, as emoções, as falas, os gestos, colocando em evidência as relações.

Necessidade de se conhecer

O caminho das narrativas, além de aproximar, apresenta-se como uma "janela" aberta, que, ao permitir olhar, leva quem narra a reconhecer-se enquanto sujeito que faz parte do percurso da vida. Encontramos em Josso as etapas do processo de aprendizagem, que ela descreve como tomada de consciência das escolhas de níveis de mestria.

> *As narrativas de vida revelam nas duas atitudes de base, que ora se excluem ora se alteram ao longo da vida. Assim, para algumas pessoas o conhecimento de si é uma prioridade por aquilo que podem aprender delas mesmas por meio do olhar das outras.* (JOSSO, 2004: 94).

O aspecto dinâmico e intencional que encontramos nas narrativas de tipo "dono da própria vida" configura-se como necessário para se existir enquanto sujeito, isto é, o próprio modo como se apresenta através das palavras, dos gestos, das expressões de afeto em geral.

Encontramos dois tipos principais de conhecimentos produzidos durante o processo de análise desses princípios norteadores, anteriormente apresentados, e eles podem refletir-se como:

- O confronto.
- Assumir a própria limitação.

Em seguida, encontramos no quarto princípio norteador das transformações.

4.3 3ª Rede de Formação: As Transformações

O Grupo de Desenvolvimento Pessoal e Profissional abre um espaço em que a subjetividade e intersubjetividade possam ser tecidas nas falas, nas expressões, nos termos e palavras que se ampliam, transformam, enquanto consciência de suas experiências, nas dificuldades e facilidades, sem medo de reprovação. Percebemos nas falas a emergência dos símbolos expressos.

C1 – Ah!... foi quando no grupo, quando, **outras pessoas falaram delas.**

Mudou muita coisa, porque no profissional, eu comecei a **enxergar que tinha capacidade** para ver e fazer outras coisas, entendeu, **não ficar só limitada ali naquilo que fazia.** Está super bom, pra mim, hoje.

C2 – Ah! poder perceber que as **pessoas tem individualidades** que **cada um tem um modo de agir** e **cada um deve se respeitar dessa maneira.**

Eu acho por estar assim **conseguindo fluir**, essa necessidade que eu tinha.

A partir do momento que eu pude estar assim, conseguindo enxergar com clareza as coisas, então **mudou meu lado pessoal e profissional.**

Eu senti assim que eu mudei em termos de estar podendo **compreender melhor as coisas, enxergar com mais clareza**, isso **tanto no profissional quanto no pessoal**.

C3 – O que mudou, o que mudou que eu era uma pessoa, vou fazer isso agora, já tenho que fazer isso agora. Se não fizer vai morrer. Aí eu comecei dar

tempo ao tempo, o que mudou na minha vida foi isso aí.

No lado **pessoal e tanto no lado profissional**... Tanto é que agora estou desempregada, mas eu nunca tive aquela coragem de chegar e expor meus problemas, chegar falar pro patrão é isso... isso...isso. Tanto é que quando eu pedi a conta e ia voltar a trabalhar com ele, ele colocou como se fosse uma funcionária, lá embaixo. **Eu ergui minha cabeça**, não, **eu sou profissional**, sabe, eu tenho o meu valor, então **eu agora estou conseguindo falar, aquilo que eu sinto e aquilo que eu sou.**

Em tudo.

C4 – Mudou muita coisa, até meu jeito de ser, de pensar às vezes. Mudou muito, porque **eu estava pensando muito, muita coisa, sem sentido**, aí eu passei ver que não, que a **vida tem sentido**, desde que você comece a ver de outra forma.

Ah! O momento pessoal mudou sim, porque eu não tinha paciência em casa e eu via muitas coisas erradas e falava. Meu marido achava que ele estava certo e que eu estava errada. Então, mudou muito, até agora, hoje ele me entende um pouco, antes ele não entendia tanto, agora ele me entende até um pouco, porque eu **comecei a estudar, fazer faculdade**, ele não aceitava muito e hoje ele já aceita.

C5 – Foi mais impactante? O que mudou. Eu consegui eh resgatar algumas coisas que estavam precisando ser trabalhadas, né, isto mudou a **minha concepção também de leitura de mim mesma**, e de enxergar o grupo e as pessoas com quem eu convivo, né.

Sim, porque eu acho que quando você identifica o problema (entre aspas) eh... de repente é um espelho, né, você se olha e você se identifica e de repente essa imagem refletida é até um impacto. Muito, muito. O pessoal, ah... a questão que eu vejo aí é de posicionamento. **Autoestima** e o profissional também de eh... mudança de divisão de enxergar as coisas. Consequentemente, mudança de postura também.

Sim, muito, uma mudança muito grande.

C6 – Ah! O que mudou, em mim? Ah!...o que mudou, é que a gente sempre tem que **ter um objetivo**. Dizer: eu quero isso e correr atrás disso e saber que eu consigo, correndo atrás. Como eu consegui. Quando você está assim, tipo quando eu me sentia antes. Procura um psicólogo porque assim, não dá pra explicar o resultado, não dá para você falar, mas o que você sente faz a diferença.

Ah! Mudou, senti mesmo, mudou muita coisa. Até meu marido fala, nossa mas **como você está de sentimento**, mas porque está agindo assim. Ah!... não sei. Toda minha vida, assim eu acho que mudou muita coisa. Meu jeito de agir. Eu estaria suando, dor de estomago dor, não sei como eu iria estar. E **hoje, eu estou tão tranquila.**

Repensar os elementos desta descoberta, com todo aspecto dinâmico e emocional que a palavra vem encerrando no pensar, sentir e conseguir olhar para si mesmo, leva-nos a encontrar "portas" de saídas e entradas para outras questões que se transformam no espaço do Grupo.

Verificamos, na figura 3 aqui representada, os símbolos constelados, o que implica uma multiplicação de sentidos, com base nos que já estão presentes, mas que atuam no sentido de abertura para outros sentidos.

Figura 4: **As Transformações** (Fonte adaptada da autora)

Capacidade de se expressar

Este novo processo da formação leva ao encontro das Matrizes Pedagógicas que Furlanetto (2003) aponta, e que, ao serem reconhecidas nos espaços educativos, possibilitam uma maior clareza dos processos formativos.

> *O mundo interno encontra-se com o mundo externo e são por eles fecundados, originando o novo. A matriz, além de configurar-se como local de fecundação e gestação, também se apresenta como possibilidade de retorno em busca da regeneração e da transformação.* (FURLANETTO, 2003: 27).

No território da formação, a expressão e a reflexão ocupam um lugar cada vez mais importante. Elas possibilitam que os profissionais entrem em contato com suas histórias de vida e relação com seus problemas pessoais. Os conteúdos que emergem nesse território vão sendo trabalhados, levando em conta as possibilidades de cada um experimentar sair da "mesmice" encontrando a capacidade de se expressar e fluir.

Capacidade de fluir

Remete-nos a olhar a realidade explicitada pela palavra, reconhecendo a força que é determinada pelo pensamento. Ao declarar que existe dor, tensão em todos os momentos da vida e, ao mesmo tempo, recompor por meio do pensar outras formas de se colocar na vida, podemos verificar que:

> *As palavras determinam nosso pensamento porque não pensamos com pensamentos, mas com palavras, não pensamos a partir de uma suposta genialidade ou inteligência, mas a partir de nossas palavras.* (LAROSSA, 2002: 21).

Fluir está no cantar, no falar, no verbalizar nossos pensamentos com clareza para que o outro compreenda os objetivos atingidos, transformando-os em sentido.

Encontro de sentido para a vida

O sentido vem caracterizando a transcendência, que em Josso se apresenta como o núcleo central na procura de uma arte de viver.

> *Se esta busca não for fundamentada no amor, a ideia de solidariedade pode não ser mais que uma comodidade funcional que antecipa a necessidade que dela poderemos ter um dia. Quanto ao amor à natureza, muitas vezes evocada por meio das belezas que ela nos oferece, ele pode ser o ponto de partida para desenvolver-se um sentido que inclui*

também o nosso planeta e o conjunto do cosmos. (JOSSO, 2004: 101).

Olhar com olhos de ver, através da "janela de nossa alma," possibilita recuperar mais uma vez o que Josso (2004) citou anteriomente (...) "pode ser o ponto de partida para desenvolver-se um sentido que inclui também o nosso planeta e o conjunto do cosmos". Ampliando-se a consciência ao ver o outro, portanto.

Consciência do outro

Encontramos tanto na Educação como na Saúde a competência a ser desenvolvida em ouvir o outro, perceber que existe uma individualidade.

> *Para que o ensino, ou a terapia, possam ser formadores, isto é, ser um processo de tomada de forma, é preciso reexaminar este encaixe, seja qual for à ponta pela qual se lhe pegue. Se não for assim, o ensino continuará sendo transmissão de informação e a terapia um emplasto numa perna de pau, enquanto a mudança em jogo nos dois casos permanecerá ao nível do discurso.* (JOSSO, 2004: 76).

Podemos verificar que mudar o jeito de pensar, reconhecer as palavras enquanto pertencentes si, amplia a concepção de leitura do mundo à sua volta e a consciência de si mesmo, para os participantes/colaboradores.

Consciência de si

Como se fossem ondas do pensamento explicitadas através da palavra, torna-se possível a capacidade de chegar, respeitando-se e respeitando o outro. Tomar as rédeas da própria vida no estudo, nos objetivos, nos sentimentos de alegria, tristeza, fazendo parte do contínuo da vida.

> *A vivência desse processo possibilita uma ampliação da personalidade e o aparecimento de um novo centro, não mais ligado à consciência, mas a um ponto virtual que se estabelece entre consciência e inconsciente. Este novo centro pode ser denominado de si-mesmo. O homem contemporâneo parece desejar ir para além de limites impostos ao sujeito cartesiano e recuperar o contato com o sagrado, recriando sentidos para sua vida.* (FURLANETTO, 2007: 9/10).

Entendemos que a consciência de si recupera o sentido da vida e a capacidade de enxergar a diversidade em cada um, recuperando a autoestima e um jeito tranquilo de estar na vida. Abrindo espaço onde a vida possa acontecer, o que traduzimos por experiência.

Encontramos quatro tipos de conhecimentos, produzidos durante a análise anteriormente introduzida, como:

- Dar tempo ao tempo.
- Perceber um jeito de agir com respeito à individualidade.
- Ser capaz de fazer uma leitura de si.
- Estabelecer objetivos.

Em seguida, apresentamos o quarto princípio norteador.

4.4 4ª Rede de Formação:
O Sentido da Experiência

Constituída, sobretudo, em falar do que nos toca, falar do significado, para cada um de nós, daquilo que são nossas raízes, nossa primeira constelação de relações que são estabelecidas com nossos pais, avós, tios, irmãos. Perceber o sentido da própria vida vivenciada parece-nos que pode ser entendido como um ponto-chave para o prosseguimento do processo propriamente dito.

LAROSSA (2002) faz uma distinção entre o saber da experiência, o que nos acontece, nos tocou e o saber coisas: após ler um livro, fazer uma viagem, o sujeito tem mais informações; e precisamos saber distingui--los. Para tanto, critica o conceito de pensamento da modernidade.

> *Pensar não é somente "raciocinar" ou "calcular" ou argumentar, como nos tem sido ensinado algumas vezes, mas é, sobretudo, dar sentido ao que somos e ao que nos acontece. (...) A experiência é o que nos passa, o que nos acontece, o que nos toca* (LAROSSA, 2002: 1).

O espaço do Grupo é um espaço que, no novo processo da formação, possibilita expressar através das falas, como observamos nos colaboradores da pesquisa, a apresentação de suas emoções de alegria, de tristeza no percurso de sua experiência.

C1 – **Marcante...** Ah!... marcante.

C2 – Ah! de **conseguir falar as coisas que está guardado**, que eu não falava com ninguém.

C3 – Olha aqui, eu não esqueço o dia que eu me relaxei e relaxei, aqui. Aí, você pediu pra mim voltar, voltar e voltar aí eu voltei mas eu não consegui voltar lá, lá no fundo. Só consegui, **voltar quando na morte da minha mãe,** quando eu tava vestida de preto, aquela coisa, da minha mãe, na morte da minha mãe, consegui voltar. De lá, eu não consegui ir mais pra trás, não consegui ver eu criança.

C4 – É marcante pra mim. **Foi poder estar aqui, aprender que, que eu posso, que eu consigo, que não preciso ter medo de nada.**

C5 – Olha, o que eu sinto que foi muito marcante, foi essa a **troca**, a gente **poder também, externalizar aquilo que cada um trazia**, eu acho que este foi um ponto que me chamou muita atenção, foi essa **troca de experiência** entre o grupo e poder traduzir isso em forma do real problema.

C6 – Que ficou? Virgem Maria... (choro). **O que sempre me lembro, é aquela hora que você mandou eu ficar do lado da mãe. Do filho que... naquela época eu tava, querendo**. E tudo aquela coisa, lá. E você mandou, ficar no lugar da mãe que tava dando o filho. Mas lá na realidade, nem foi tanto assim. Da pra você ver o pessoal, como que é, e como. E não foi tanto assim. Mas, só em eu pensar como que era eu já fico.

Como podemos verificar, com base nas falas, o que estava guardado desponta como possibilidade de conexão, puxar o fio da memória, sem medo, poder recuperar, voltar, prosseguir e estabelecer trocas. Marca um processo, qual seja, o aprender que há possibilidades quando se apresenta uma abertura para externalizar o que muitas vezes está guardado.

A seguir, introduziremos a figura 5 que apresenta o sentido da experiência.

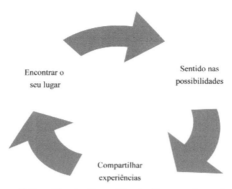

Figura 5: **O Sentido da Experiência** (Fonte adaptada da autora)

Sentido nas possibilidades

A aprendizagem de adultos vem apontando, além de uma diversidade, a possibilidade nesta segunda metade da vida da aproximação do sujeito como um todo.

> *Entramos totalmente despreparados na segunda metade da vida, e, pior do que isto dá este passo sob a falsa suposição de que nossas verdades e nossas ideias continuarão como antes.* (JUNG, 1991: 348).

O que temos observado é que possibilitar a estes profissionais relações com sujeitos que não fazem parte de seu grupo familiar os estimula a poder enfrentar novos desafios, aprender que se pode, que se consegue, e que muitas vezes aquilo que se almeja ter torna-se possível. Tornando o compartilhar uma confirmação do que alcançou.

Compartilhar experiências

O adulto não pode mais ser visto somente como um ser que cresceu fisiologicamente, conquistou um diploma como reconhecimento profissional e aguarda a velhice, mas, sim, como um ser em formação permanente, experiência, em alternância com sua sabedoria que vem se entrelaçando, criando traços em si mesmo e trocas com o outro.

> *E isto a partir da convicção de que as palavras produzem sentidas, criam realidades e, às vezes, funcionam como potentes mecanismos de subjetivação. Eu creio no poder das palavras, na força das palavras, creio que fazemos coisas com as palavras e, também, que as palavras fazem coisas conosco.* (LAROSSA, 2002: 20/21).

Pensamos a partir das palavras e é nesse movimento de subjetivação e de trocas que vamos criando relações significativas, verbalizando as emoções que se entrelaçam com os acontecimentos do cotidiano, como se fosse um caminho de "pegadas na areia", mas que há um lugar estabelecido.

Encontrar o seu lugar

Continuando a buscar na elaboração simbólica referências que nos permitissem articular a questão de que tratamos aqui, encontramos diversas referências na pesquisadora Furlanetto, que localiza nas obras de Jung que:

> *ele foi encaminhado a realizar leituras diferentes dos materiais que emergiam nos espaços analíticos não os reduzindo, somente, à esfera pessoal, mas pondo-os em analogia com os símbolos da mitologia e de outras fontes, para conhecer os sentidos que eles pretendem exprimir.* (FURLANETTO, 2007: 6).

Entendemos que encontrar o próprio lugar é inerente a um movimento que propõe um ensaio de "autoria", de pertencimento, de enraizamento do que somos e fazemos.

No Grupo, o espaço para os profissionais da Educação, verificamos que os Adultos, quando se deparam com a amplitude da consciência nos contextos por onde se encaminham no trabalho de formação simbólica, apontam para um processo que encontramos também tematizado em Josso (2004), um jeito de esses adultos traçarem seus percursos integrando as experiências, precioso meio de elaboração e integração do saber-fazer e dos conhecimentos, cujo domínio pode tornar-se um suporte eficaz de transformações.

Não se trata da proposta de uma atuação exclusivamente intuitiva, mas de buscar respaldo técnico para alívio de muitas dúvidas.

A tarefa desses profissionais, dentro e ou fora da escola, ultrapassa a transmissão do conhecimento, como apontam os colaboradores da pesquisa que necessitam estar preparados para trabalharem junto com o humano.

Segundo Jung, uma pessoa criativa deve, fundamentalmente, satisfazer o seu próprio **daimon** criador. (STAUDE, 1995). É nesse sentido que procuramos que o Grupo, como espaço de formação, contemple a busca de condições essenciais que possibilitem o preparo necessário atrás assinalado.

Conseguir, sem medo, transcender e não perder de vista a condição de humano com as limitações que lhe são próprias, mas poder reconhecer uma força suprapessoal capaz de levar ao enfrentamento das patologias e encontrando no objetivo a realização, o sentido da vida, envolvido com emoções de tristeza, dor, alegria, que, quando recuperadas, encontram seu percurso natural, para a incorporação, a elaboração. E, se tais aspectos necessitam presentificar-se no Grupo, nossa análise procura recolher nas falas de nossos colaboradores e coparticipantes os indícios que possam apontar a efetividade de tal encaminhamento. E buscamos explicitá-los, mais uma vez, agora.

Encontramos três tipos de conhecimentos produzidos durante a análise anteriormente apresentadas; são eles:

- Experimentar a pré-inversão.
- Encontrar sentido, objetivo.
- Saber que o outro também tem necessidade.

4.5 5ª Rede de Formação: O Sentido da Elaboração da Consciência

A atitude reflexiva permite ao aprendiz questionar de forma crítica seu próprio quadro de referência, vem e sobressai em cada um, reclamando um espaço interno e externo, uma disposição para os questionamentos de si e da realidade. Isso se pode observar nas falas dos sujeitos da pesquisa.

C1 – É foi justamente... aprender a **entender o problema do outro**, **sentir-se no lugar do outro**. Porque só ficava assim vendo, só o meu problema. Aí eu via que tinha as pessoas que também tinha seus problemas e que estavam buscando ajuda. Entendeu.

C2 – Ah! Possibilitou, abrir a minha mente, em **saber ouvir, saber perceber que o outro também tem necessidade.**

C3 – É que a gente começa a ver que **acha que o problema da gente é um caminhão de coisas** e aí o que acontece, a gente começa a **ver os problemas dos outros** e o meu não é tão assim. Começa a ver, as experiências e ter experiências e muitas vezes as pessoas chegam com a experiência aqui, e conseguem, sair daquele problema aqui, daquela coisa, e então agente acaba, que o grupo ajuda a gente neste termo.

C4 – Ah! De eu **pensar mais no meu eu.**

C5 – Bom, eu acho é que cada um estar colocando sua dificuldade, seu problema, e essa **troca de experiências, de vivências** eh... acrescenta um para o outro. Acho que é por aí.

C6 – Assim eh... no grupo. É que eu achei que foi assim interessante é que você sempre falava assim: "Você vai ser o fulano, você vai ser o outro". É meio **diferente**, não sei.

O processo de reflexão consiste, sobretudo, em dar-se conta e entender o problema do outro, ao permitir ao aprendiz experimentar a elaboração de conteúdos preciosos de forma a poder, eventualmente, sentir-se no lugar do outro, saber ouvir, perceber que o outro também tem necessidade, ao mesmo tempo que lhe fica claro que o fardo lhe pertence, assim como outros também carregam seus próprios fardos; e, quando ocorre a elaboração, está dada a condição de se verificar e perceber em situação de igualdade. Com isso, observamos, o questionamento do próprio quadro referencial propõe-se enquanto elemento essencial no percurso.

Apresentamos a seguir, na leitura da figura 6, a representação do sentido da elaboração de consciência, durante o novo processo de formação simbólica dos colaboradores.

Figura 6: **O Sentido da Elaboração da Consciência** (Fonte adaptada da autora)

Perceber as necessidades do outro

Deveria ser a preocupação de nossa Educação, assim como da Saúde, buscar o novo processo na formação simbólica desses profissionais, trabalhadores abrindo a possibilidade de um espaço afetivo, acolhedor, para um melhor sentido da elaboração de toda a riqueza de saberes experienciais. Não é possível desconsiderar o que Jung já propunha a respeito da centralidade da exploração e convivência com os símbolos:

> *Esta constatação não nos conduz a um desvio, ela nos põe no centro da grande estrada real percorrida pela humanidade ao longo de sua existência... só é possível viver a vida em plenitude, quando estamos em harmonia com estes símbolos, e voltar a eles é sabedoria.* (JUNG, 1991: 352).

Para Jung, esta constatação encaminha o sentido de continuidade por ela, encontramo-nos no mesmo chão da grande estrada; assim, somos levados a conjecturar sobre os aspectos relativos à harmonização no processo de formação e a descobrir a importância do outro, da conformação básica da alteridade que nos atinge.

Descobrir a importância do outro

A figura 6, anteriormente apresentada, indica a relevância do elemento centrado na presença da importância do outro. Nesse sentido, preocupando-nos a elucidação da constituição dos elementos simbólicos, podemos lançar mão das observações de Staude (1999) sobre Jung.

> *Aqui vivia o "Outro" o seu daimon ou guia espiritual, o seu Self superior, que conhecia o Pleroma, o Urgrund, o Deus que havia por trás dos deuses, os aspectos pessoais e transpessoais de divindade. Quando sentiu a força da segunda personalidade vir até ele, Jung posteriormente escreveu "eu sabia que era digno de mim, que eu era o meu verdadeiro Self".* (JUNG, 1961: 45).

Não podemos negar que o reconhecimento do peso de cada fardo coloca na condição de imperfeição, muitas vezes pode-se errar, mas, também, acertar, no meio de uma perseverança, que não deixa desistir o participante.

Reconhecer, ao mesmo tempo, nesse processo, que se está sendo cuidado, novamente permite encontrar-se no mesmo "chão da grande estrada". Redimensionando o problema, nova lente, novos óculos.

Redimensionar seus problemas

Acreditamos, em virtude da atuação no Grupo, que tal nível pode se encontrar no movimento dialogal que se estabelece entre os colaboradores e o pesquisador.

> *Uma pesquisa simbólica busca estudar cada situação em sua singularidade e não a abordar com base nas generalizações constru-*

ídas no contexto do paradigma disciplinar. (...) os traçados da pesquisas que dialogam com a dimensão simbólica, constatamos que eles parecem surgir articulados à necessidade do pesquisador de se conhecer e ao mundo, o que significa emergir progressivamente da inconsciência para a contínua elaboração da consciência. (FURLANETTO, 2007: 7).

Caminhando nesta direção, também se fortalece a verificação de que não existe um caminho pronto, final, perfeito, e, ao construir, reconstruir, encontramos as possibilidades nas curvas e inflexões do caminho de se deparar com a "graça-cura", como revela Boff (2007).

Cuidar do outro

Cuidar do outro é zelar para que esta dialogação, esta ação de diálogo eu-tu, seja libertadora, sinérgica e construtora de aliança perene de paz e de amorização. (BOFF, 2007: 139).

Reconhecer o outro na condição de humano que aprende ouvir, perceber, mas, acima de tudo, que tem necessidades, faz colocar no mesmo chão de pertencimento da própria vida.

Permite com isso, conseguir pensar um pouco mais no próprio eu, sem fechar-se no egoísmo, mas, ao contrário, abrir-se às trocas onde a experiência pode encontrar seu lugar, configurando o novo processo de formação como uma busca efetiva.

Encontramos três tipos principais de conhecimentos produzidos durante o processo de análise, que se refletem como:

- Saber ouvir.
- Entender o problema do outro.
- Perceber a troca de experiência como fundamental para o desenvolvimento.

4.6 6ª Rede de Formação: A Busca por Meio da Formação

Reconhecer-nos enquanto seres humanos que fazem parte do próprio percurso da vida, sob o influxo de um processo formativo sem termo, mas sempre atualizável com o acesso aos símbolos que nos é próprio, permite encontrar nos princípios norteadores uma estrutura capaz de conduzir a análise da produção de conhecimento nas entrevistas.

Neste sentido, a consciência se apresenta como uma abertura; após as renovações, os novos processos de tomada de consciência nos conduzem, e encontramos, nestes profissionais da educação adultos, aquilo de fundamental, segundo nossos propósitos, que podemos observar nas falas.

C1 – Acredito muito, pelo menos para mim foi muito bom.

Aí, eu, quando eu quero sair de carro, estou com aquele pouquinho de receio, aí eu entro, começo, sabe, sentindo**, me sentindo aí dentro do carro, analisando tudo que vou fazendo**. Daí saiu assim, **sem medo**. Vou me controlando, **aprendi a me controlar,** totalmente, assim não que eu era muito antes, aí é que está, às vezes eu fazia as coisas e não sabia que tinha feito. Não prestava atenção naquilo que estava fazendo. Eh... Agora não.

C2 – Ah! sim, creio que sim. Eu vejo que hoje a necessidade ela é grande, porque eu percebo que no meu **ambiente de trabalho não só eu preciso deste momento.** Mas eu posso perceber nas companheiras e nos meus companheiros de trabalho, que eles precisam porque, nós trabalhamos numa instituição escolar, onde a gente **mexe com vida**, com crianças, com adolescentes, com faixa etária diferente um do outro. Relacionamento das pessoas, falta pra nós a preparação e nós acabamos cobrando de nós mesmos, algo que nós não temos para dar. De um profissional que ajude a superar. Entendeu, o que acontece, a gente fica um pouco perdido, mas que **na verdade, nós estamos cada dia com os adolescentes, com os pequenininhos que são crianças diferentes**. Trabalhamos com pessoas, com vidas, com grupos de pessoas com

pensamentos diferentes e nós **muitas vezes não temos estrutura para isso.** É nós ficamos **angustiados, tristes, criando conflito entre um e outro**. Vem as cobranças, porque não fez isso e não fez aquilo, **mas é porque nossa capacidade se limitou, não conseguimos chegar adiante**. Eu creio que falta, em qualquer ambiente de trabalho que não tenha este trabalho que necessita nos tempos de hoje. Trabalho em grupo, para as pessoas conseguirem trabalhar. **O fato de conversar, de saber que está conversando com o profissional, já é diferente, a gente solta aquilo que está guardado dentro da gente e você melhora. Fica mais alegre e feliz**, porque essa é a minha experiência. Precisa nestes ambientes um profissional, pelo menos uma vez por mês eu creio para trabalhar com os profissionais pra poder mostrar seu potencial, porque **todos tem um potencial** muito grande independente de ser faxineira ou de ser um pouquinho, elevado um pouquinho mais, **mas a gente vê que trabalha em conjunto e acaba realizando quase o mesmo trabalho**. E nesse trabalho envolve uma coisa assim que acho muito importante, **envolve o amor** e, às vezes, eu tenho pra mim uma coisa muito fraternal, sabe, uma coisa que você começa a ter ligação a gente passa a saber o nome da maioria dos alunos, da maioria dos professores quando a gente sabe que o aluno fica doente, a gente fica preocupada, busca informação, pra saber o que aconteceu, melhorou ou não. **Acho que é um amor um pelo outro, né, é uma consideração e uma coisa que todos nós temos dentro de nós, então precisa ser trabalhado.** É uma coisa que isso eu, com o meu entendimento, é uma coisa que cresce o ambiente de trabalho. Faz o ambiente do trabalho ficar muito legal e que às vezes não é aproveitado, **não tem tempo, só trabalha.** E aí o tempo está passando em uma velocidade muito rápida que não tá realmente sobrando tempo pra trabalhar esse **lado afetivo das pessoas. É uma necessidade que todos temos.** Acho que ninguém consegue ser indiferente diante de uma situação, ele quer seja o faxineiro. Ele se envolve, não tem como. Desde que você está no ambiente educacional, onde tem crianças, tem vidas ali você não consegue ser indiferente, então exige um preparo, precisa de um preparo pra isso, mas é um preparo pra um crescimento. **Eu tenho que estar habilitada a poder ouvir uma criança, que chega e reclama.** Ah!! Tia aconteceu isso...isso..., aí de repente vem uma adolescente e fala pra mim. Está chorando. "Eu não vou entrar na sala de aula". Mas por quê? "Meu namorado não quer mais ficar comigo". Então, eu tenho que ter um preparo físico pra saber ouvir, pra saber o que vou falar pra ela, a gente tem que **saber ouvir o outro que é a questão que a gente envolve neste trabalho, que é ouvir o outro, saber ser ouvido e eu precisei de ajuda de um profissional** e que a pessoa que está perto de mim que naquele momento precisa de mim, então eu tenho que ter assim o mínimo de preparo pra poder tá ali falando com aquela pessoa pra poder, em vez de ajudar, não estar prejudicando, aí eu tenho que saber me colocando naquela situação. **Acho que isso é uma necessidade que a gente tem de poder crescer como pessoa no ambiente de trabalho.** Eu aprendi muitas coisas aqui, que a gente vem trabalhando a minha vida, a minha busca. Tem me ajudado bastante, porque, às vezes as pessoas podem pensar "Isso é uma coisa tão simples", mas o outro também não está. Só que hoje eu me sinto mais preparada pra escutar o que ele tem que falar pra mim. Ao invés de ficar nervosa, porque está falando, falando. **Eu já estou aprendendo a ouvir e eu não sabia ouvir.** Então, isso eu acho que é um princípio básico, que o ser humano precisa, **respeitar o outro. Então, já estou aprendendo a respeitar e parar, pra ouvir o outro falar.**

C3 – **Isso, acredito e muito.**

C4 – Acho que sim, muito, ajuda a gente a **pensar melhor a não se sentir muito inferior às pessoas.**

Quando eu estava no grupo foi muito bom pra mim. Como meu marido não aceitava muito que eu estudava, porque achava que o curso não ia dar em nada, era muito corrido. Então, hoje, **posso me dizer uma pessoa realizada**, só que não realizada totalmente, porque não me formei. Mas, espero Deus, que chegue lá, para me formar. Mas hoje em dia, ele aceita bastante que eu estou estudando, que isso era o que eu queria. Então, eu estou muito contente com isso. O grupo é maravilhoso, aqui é muito bom, a gente se sente melhor, **sabe pensar melhor, entender as coisas melhor**, então assim foi muito bom o momento que passei aqui.

C5 – Sim, Sim, contribuiu muito porque é o espírito de equipe, é importante também **saber lidar com os conflitos internos**. Até porque, por exemplo, eu exerço um cargo até vamos dizer de supervisor, e eu tinha, assim, alguns conflitos no setor, então eu **aprendi a lidar com esses conflitos**, trabalhar, **e me posicionar de forma muito mais segura, e realmente de forma profissional** também, acho que foi importante pro crescimento.

C6 – Se isso é importante? Acredito muito (riso), acredito que pra mim foi muito bom, nem sei o que falar. **Foi bom demais pra mim, me ajudou muito.**

A formação passa a fazer parte deste novo itinerário de vida. A possibilidade de experimentar novo lugar, em que os olhares se renovam, leva ao reconhecimento e encontro de uma nova sinergia, e ao aprender a conectar com a vida que expressa a angústia, a tristeza e a alegria.

O não conseguir chegar adiante impulsiona como uma alavanca amorosa entre o colaborador e o pesquisador que o ajuda a prosseguir.

Apresentamos a seguir a figura 7, no qual podemos observar os princípios norteadores indicativos.

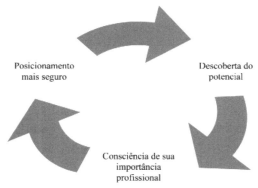

Figura 7: **A Busca por meio da Formação**
(Fonte adaptada da autora)

Descoberta do potencial

Trata-se de conseguir analisar o próprio percurso sem medo, reconhecendo o potencial que há em cada um, as angústias, as tristezas que muitas vezes limitam o seguir em frente. Encontramos um espaço interno e, no Grupo, a descoberta deste potencial transparece na fala na aceitação de ajuda.

Josso (2004), observando o que Berger e Luckman apontam sobre a constituição da realidade tal como nós a vemos e vivenciamos em sociedade, adverte: (...) a construção social da realidade explica o fenômeno pelas ancoragens afetivas que acompanham a interiorização dos nossos discursos sobre o mundo e sobre nós mesmos. (JOSSO, 2004: 74).

O adulto traz uma realidade de aprendizagem muito fortemente ancorada, e encontramos em nossa pesquisa a possibilidade da flexibilidade na consciência de sua importância enquanto profissional. Perceber a si e ao mundo que nos cerca promove, novamente, um caminho de libertação intrinsecamente saudável.

Consciência de sua importância profissional

A organização das ideias cria uma sensação de dever cumprido, do ser capaz. [Não é simplesmente tomarmos conhecimento de como nós nos formamos].

> *(...) ir ao encontro de si, visa à descoberta e à compreensão onde viagem e viajante são apenas um. Trata-se de (...) mas sim tomar consciência de que este reconhecimento de si mesmo enquanto sujeito mais ou menos ativo*

> *ou passivo, segundo as circunstâncias, permite à pessoa, daí em diante, encarar o seu itinerário de vida.* (JOSSO, 2004: 58).

Apropriar-se da própria vida, de seu trabalho enquanto profissional implica dimensionar.

> *A imagem sugere a questão temporal e um processo. [Apresenta um projeto a ser construído e esse conhecer ultrapassa os vários registros psicológicos, psicossociais, econômicos, cultural e político] (JOSSO, 2004: 59, NT). Envolve os nossos diferentes modos de estar no mundo, de nos projetarmos e de fazermos na proporção do desenvolvimento da capacidade para multiplicar, alargar, aprofundar nossas sensibilidade para nós mesmos e para o mundo, para questionar nossas categorias mentais na medida em que se inscrevem numa historicidade e em uma cultura.* (2004: 59).

O processo de Rede de Formação proposto como uma alternativa eficaz abre um espaço para nos aproximarmos do que Jung chama de equilíbrio mental, saúde fisiológica, reforça a interligação do consciente e o inconsciente como se ambos caminhassem em linhas paralelas, possibilitando um posicionamento mais seguro.

Posicionamento mais seguro

É importante notar, a propósito deste elemento, que, quando se "dissociam", levam à ocorrência dos distúrbios psicológicos. "Existem pensamentos e sentimentos simbólicos, situações e atos simbólicos, não ocorrem apenas nos sonhos. Aparecem em todos os tipos de manifestações psíquicas." (JUNG, 1964: 55). Essa observação, em Jung, propõe-nos uma atenção bastante centrada para a questão envolvida em nossa pesquisa, uma vez que todo processo de formação simbólica não é compartimentado, fragmentado, ocorrendo isoladamente, sem repercussões, em níveis ou extratos constitutivos do ser humano.

Observamos nos espaços onde se possa intuir pensar, falar, expressar os sentimentos de alegria, tristeza, a possibilidade de elaboração dos aspectos psicológicos, tanto conscientes, como inconscientes. Trata-se de uma ligação intrínseca e, quando adultos, eles concebem esse desenvolvimento como sendo uma evolução, que se desenrola ao longo da vida do adulto inserido no seu contexto de vida.

> *(...) Quando a mente explora um símbolo, é conduzida a ideias que estão fora do alcance da nossa razão. Mas este uso consciente que fazemos de símbolos é apenas um aspecto de um fato psicológico de grande importância: o homem também produz símbolos,*

inconsciente e espontaneamente, na forma de sonhos. (JUNG, 1977: 21).

Na vida, precisamos aprender a trabalhar e a expor ideias cada vez mais verossímeis e aprendermos a rejeitar os adornos da fantasia; Jung postula a ideia de que a maioria de nós transfere para o inconsciente todas as fantásticas associações psíquicas inerentes a todo objeto e a toda ideia.

Entendemos, com base nos elementos que nossas configurações possibilitaram construir, que: precisamos aprender a abandonar as superstições, o fanatismo, perceber a fluidez das fronteiras e abandonar a rigidez muitas vezes imposta pela nossa sociedade "racional".

*A **reconstelação** que consiste em atingir um patamar de consciência que permite olhar para os símbolos de outro lugar. Ao nos afastarmos do "sempre igual", somos impulsionados a explorar novos territórios que nos demandam a desconstrução de mapas capazes de registrar as descobertas.* (FURLANETTO, 2007: 6) (grifo nosso).

Encontramos três tipos principais de conhecimentos produzidos durante o processo de análise da pesquisa anteriormente apresentada e eles podem ser expressos como:

- Organização das ideias.
- Competência para perceber a realização.
- Mostrar potencial.

Não se trata de observamos na pesquisa soluções meramente entrevistas ou encontradas, mas de propô-las em termos de questões a serem interrogadas, ampliadas e pesquisadas. Encontramos, em meados do século XX, um exagero de escritos sobre a aprendizagem de crianças, que foi foco e preocupação da ciência da Psicologia. Todavia, agora, no início do século XXI, a Educação, a Saúde desperte para um campo mais vasto que remete a conhecer mais sobre a aprendizagem de adulto, sobre aquilo que faz parte de sua vida, história de vida e leva à busca da apropriação de si mesmo.

CONSIDERAÇÕES FINAIS – PUXANDO O FIO DA MEADA: MEMÓRIA

Essa lembrança que nos vem às vezes...
Folha súbita
Que tomba
Abrindo na memória a flor silenciosa de mil e uma
pétalas concêntricas...
Essa lembrança... mas de onde? De quem?
Essa lembrança talvez nem seja nossa, mas de alguém
que, pensando em nós, só
Possa mandar um eco do seu pensamento
Nessa mensagem pelos céus perdida...
Ai! Tão perdida
Que nem se possa saber mais quem!
Mario Quintana

A pesquisa partiu do seguinte objetivo: compreender o processo da formação dos profissionais da educação que participaram do Grupo de desenvolvimento pessoal profissional. Para isso, buscou-se desvelar os sentidos atribuídos pelos sujeitos às experiências vividas no Grupo. Os relatos dos sujeitos foram analisados buscando identificar símbolos que, ao serem elaborados, possibilitaram ampliar o horizonte de compreensão do processo de formação vivenciado no grupo. Esses símbolos foram elaborados com base em referências teóricas construídas por autores como: Jung (1991,1994,1977,1983,19991); Josso (2004); Furlanetto (2003,2004, 2005, 2006, 2007); Esteves (1993); Boff (2007); Silveira (1975); Larossa (2002); Staude (1995).

A leitura simbólica dos relatos dos sujeitos permitiu captar linhas e entrelinhas de um **texto invisível** rascunhado coletivamente pelos participantes do grupo. Sujeitos aparentemente simples no que se refere a cargos e títulos acadêmicos mostraram sua complexidade e sabedoria em tratar com os desafios da vida ao serem acolhidos em um ambiente que os encorajou a falar e a pensar sobre a **vida vivida**.

Cada um foi descobrindo seu idioma pessoal e pôde revelar e elaborar suas vivências de prazer e sofrimento que foram se transformando em experiências.

O idioma pessoal, portanto, é derivado do modo singular de uma pessoa, a partir do qual ela tem uma maneira peculiar de interpretar a existência e de emprestar às palavras, imagens e atos, uma semântica existencial pessoal. (SAFRA, 2006: 26).

A pesquisa simbólica possibilitou perceber, de modo bastante forte, que cada um tem sua singularidade que se traduz em seu jeito de estar na vida.

Como dissemos anteriormente, os símbolos se apresentam compondo **Redes** e, com base nessa constatação, buscamos delinear as Redes de Formação consteladas na pesquisa. Observamos que as **Redes** expressavam momentos do processo formativo vivido pelo grupo. Com base na trajetória do grupo, podemos pensar em alguns princípios que poderiam potencializar os processos formativos.

1ª Rede de Formação: Necessidade de Busca.

O ponto de partida é puxar o fio da memória. Ter a consciência de si mesmo não é uma tarefa fácil, exige coragem para se deparar com as dificuldades e, ao mesmo tempo, reconhecer o potencial presente.

2ª Rede de Formação: Descoberta das Necessidades.

Encontrar-se consigo mesmo, descobrir-se como companhia, aprender a caminhar de mãos dadas com a própria capacidade de expressão, faz cada um descobrir-se capaz de desempenhar os vários papéis requisitados pelo cotidiano.

3ª Rede de Formação: As Transformações.

Encontramos no Grupo um espaço onde se possa pensar, intuir, falar, sentir, abrir "janelas" e "portas", a construir entradas e saídas, cada um descobre um jeito diferente e novo de estar na vida. Aprende a ler e reler o cotidiano, leituras que podem ser feitas não só por meio das letras, mas por meio das próprias letras que incluem os símbolos, imagens.

4ª Rede de Formação: O Sentido da Experiência.

A possibilidade de falar sobre o que nos toca, sobre as constelações de relações que possibilitaram sermos quem somos, a possibilidade de abrir a "caixinha das emoções", perceber os sentidos produzidos nos movimentos de acolhimento, carinho e aceitação (e com isso, deixar brotar a plantinha, que brota até mesmo na rachadura de um rochedo).

5ª Rede de Formação: O Sentido da Elaboração da Consciência.

Amadurecer, elaborar e transformar em frutos exige um movimento de espera, uma espera "ativa". Encontramos, nos movimentos de expansão de consciência, um tempo que não é linear, um tempo regido por Kairós[1] que penetra no tempo linear cortando, esgarçando, impondo desvios e exigindo a construção de novos traçados.

Neste momento, as letras vão se agrupando, a palavra vai tomando forma e compondo frases que fazem parte de uma estrutura maior. Descobrimos que, ao mesmo tempo, somos universais e individuais, pertencendo ao mesmo chão da "grande estrada". Esse reconhecimento nos coloca no mesmo pé de igualdade com a humanidade.

Descobrimos que os processos de desenvolvimento pessoal e profissional se potencializam nos espaços intersubjetivos, os encontros provocam deslocamentos, trocas que ampliam níveis de consciência e permitem olhar para o mundo de outros lugares. Perceber as necessidades do outro leva a descobrir a importância do outro como um verdadeiro outro o que possibilita redimensionar os problemas.

6ª Rede de Formação: A Busca através da Formação.

Encontrar no grupo um espaço onde se possa descobrir o que é importante para si possibilita transpor paredes, encontrar elementos de maior consistência para pensar e refazer o projeto de vida. Descobrir que é possível sonhar e não desistir dos sonhos coloca cada

---

[1] Palavra grega que significa "o momento certo" ou oportuno; "o tempo de Deus" não pode ser medido e sim vivido.

um em movimento próprio, mas tecido nas relações com os outros.

As frases se transformam em falas por excelência e se constituem no ponto mais alto do processo. Elas aparecem quando alguém se torna capaz de pronunciar sua vida. Nesse percurso há a possibilidade efetiva de interpretações, reinterpretações e de ressignificações possibilitando que as mitologias pessoais sejam recuperadas, assimiladas e desveladas.

Nesse momento, é possível ir ao encontro do outro, escutar a fala do outro e acolhê-la. O cuidar de si por meio das relações onde se faz presente a alteridade pode ser então exercido em sua plenitude e uma relação de ajuda pode ser estabelecida.

O sujeito se vê em planos de alteridade, com ele e com o outro. Quando ele se coloca no lugar do outro permite se ver de fora, o que é fundamental para o processo de cuidar; o que podemos presenciar neste movimento é a instalação de requisições enunciadas sobre o saudável e a busca de uma vida preenchida e movida simbolicamente.

Ao operar com símbolos, temos condições de reviver, compreender, estamos no caminho diferenciado do mal, e, uma vez que o processo permita, nesse espaço social de formação, a percepção da possibilidade de ver e interpretar tais símbolos, de acordo com o momento, a necessidade e a possibilidade efetiva, os inúmeros elementos de ordem mítica, construídos e elaborados em nossas próprias vidas, podem adquirir sentidos e indicar as possíveis e diferentes maneiras pelas quais instituímos nossos modos tradicionais de viver e experimentar as situações da vida. Com isso, está aberto um caminho que pode ser profícuo e proveitoso para revermos padrões e paradigmas que perderam sentido ou aos quais fomos atribuindo sentidos impróprios e conducentes ao sofrimento e à infelicidade tornados elementos diretores de nosso estar-no-mundo.

Podemos, assim, acompanhar e compreender a nossa própria experiência e suas decorrências/consequências no mundo da ação como um processo simbólico, onde o Eu e o Outro adquirem em significado mais adequado quando as peças se juntam, se recompõem e, com isso, novos horizontes são descortinados.

Perceber os mitos e símbolos, não o fazemos sozinhos, mas na formação como espaço social de cuidado. As teias da interpretação e compreensão vão sendo tecidas durante o processo. Por tal caminho podemos ter alternativas para trabalhar, inclusive a tendência dominante que nos acompanha, nestes últimos séculos, de racionalizar tudo e acabamos por fazer despertar aspectos para uma compreensão mais ampla.

Os movimentos e momentos sugeridos pelas **Redes** anteriormente retomados representam, então, possibilidades reais de atualização de potenciais formativos nos quais as relações consigo e com o outro, consubstanciadas nos processos de enunciação e que se dão num tempo adequado, em meio à construção de uma tessitura fundada no desvelamento simbólico e na re-historicização dos mitos pessoais que nos acompanham, sugerem a necessidade de espaços de formação, continuada e recorrente, que funcionam como alternativas de alcance para promover o descentramento, a descoberta da necessidade das relações com o outro não apenas para uma provável reinterpretação de si e do mundo, mas, inclusive, aquilo que nos chamou a atenção em nossa investigação. O bem-estar não decorre de um posicionamento altamente centralizado, mas adquire maiores condições de realização no estar junto com, no compartilhar com o outro, no se perceber como alguém cujos sentidos de vida e possibilidade de saúde mais plenos se propõem na interação.

Aprender, e aprender com o outro, sempre nos despertaram interesse e foi neste caminho desde a nossa graduação que viemos percorrendo a trajetória de mãos dadas com nossa profissão.

No trabalho com o Grupo, com os profissionais da educação, as atitudes expressas, que as técnicas permitem fazer aflorar, trazem luz, iluminam o símbolo, reorganizando o conhecimento.

Sob o influxo das indagações que vão se estabelecendo, podemos, então, perceber, conforme Freire, uma remissão ao conjunto de nossos saberes fundamentais que a própria prática traz. O Exemplo de que o próprio

Freire lança mão aparece como pertinente para o escopo desta pesquisa:

> *A prática de velejar coloca a necessidade de saberes fundamentais como o domínio do barco, das partes que o compõem e da função de cada uma delas, como o conhecimento dos ventos, de sua força, de sua direção, os ventos e as velas, a posição das velas, o papel do motor e da combinação entre motor e velas. Na prática de velejar se confirma, se modifica ou se ampliam esses saberes. (...) Freire nos alerta à reflexão crítica sobre a prática se tornar uma exigência da relação teoria/prática sem a qual a teoria pode ir virando blá-blá--blá e a prática, ativismo.* (FREIRE, 2000: 24).

Fertilizar, germinar no espaço de reflexão do Grupo, onde os fios da confiança, amizade e trabalho possam encontrar, no desenvolvimento e na Formação de cada profissional da educação, trabalhadores, caminhos de compreensão, conscientização no bailar dos fios coloridos que nascem de uma mãe que gesta, mas que também, ao parir, corta o cordão, e, em outros movimentos, cada um encontra seu caminho, o primeiro princípio norteador: **necessidade de busca,** que vem permeado com lembranças, mas também com esquecimentos, e que sabe que faz parte do "mesmo chão" em que todos nós nos embrenhamos.

Finalizo este capítulo com um verso de Mario Quintana:

O amor é quando a gente mora um no outro.

REFERÊNCIAS
BIBLIOGRÁFICAS

AGOSTINHO, Santo. **Confissões.** Braga, para a editorial apostulado da imprensa – Porto, 1984.

ALARCÃO, I. [Org.] e outros. **Formação reflexiva de professores estratégia de supervisão.** Porto Editora, 1996.

BAUMAN, Z. **Miedo líquido: la sociedad contemporânea y sus temores.** Barcelona: Paidós, 2007.

_____. **Mal-Estar da Pós-Modernidade.** Rio de Janeiro: Jorge Zahar, 1998.

_____. **Modernidade e Ambivalência. Globalização.** Rio de Janeiro: Jorge Zahar, 1999.

BENJAMIN, W. O narrador: observações acerca da obra de Nicolau Lescov. *In*: BENJAMIN, W.; HORKHEIMER, M.; ADORNO, T. W. M.; HABERMAS, J. **Textos escolhidos.** São Paulo: Abril. V. XLVIII, 1975. (Coleção Os Pensadores).

BOFF, L. **Saber Cuidar:** ética do humano – compaixão pela terra. 13ª edição. Petrópolis: Vozes, 2007.

BRANDÃO, Ayéres. **Do mito do herói ao herói do mito:** a jornada simbólica do professor. São Paulo: Ícone, 2005. (Coleção Conhecimento e Vida/Coordenação Diamantino Fernandes Trindade).

BRANDÃO, Junito. **Mitologia Grega.** V. 1. Petrópolis: Vozes, 2000.

BYINGTON, C. A. B. Mistério ou Simbolismo? Uma interpretação simbólica Junguiana da obra de René Magritte. **Revista Ser Médico** nº 44 – Ano XI Jul./Ago./Set. 2008.

CODO, W. [Coord.]. **Burnout, a síndrome da desistência do educador, que pode levar à falência da educação**. Petrópolis: Vozes, 1999.

DAMÁSIO, A. R. **Em busca de Espinosa:** prazer e dor na ciência do sentimento. São Paulo: Cia. das Letras, 2003.

DANIS, B.; JOSSO, Marie-Cristine; HUMPICH, M. [Org.]. **Sujeito Sensível e Recuperação do Eu**. São Paulo: Paulus, Centro Universitário São Camilo, 2008.

DANIS, C.; SOLAR, C. **Aprendizagem e Desenvolvimento dos Adultos**. Lisboa: Instituto Piaget, 2001.

DEWEY, J. **A arte como experiência, vida e educação**. São Paulo: Abril Cultural, 1980. (Coleção Os Pensadores).

DICIONÁRIO DE SÍMBOLOS. Jean Chevalier/ Alain Greerbrant **Mitos/sonhos/costumes/gestos/ formas/figuras/cores/números**. 20ª ed. São Paulo: José Olympio, 1982.

ESTEVE, J. M. **O Mal-estar Docente:** a sala de aula e a saúde dos professores. Bauru: EDUSC, 1999.

ESTIVES, M.; RODRIGUES, A. **A Análise de Necessidades na Formação de Professores**. Porto: Porto Editora, 1993.

FARIA, E. **Dicionário Escolar Latino – Português.** Rio de Janeiro: MEC – Departamento Nacional de Educação, 1962.

FAZENDA, I.; FURLANETTO, Ecleide Cunico [Coord.]. **Interdisciplinaridade:** qual o sentido. 2ª ed. São Paulo: Papirus, 2006. (Questões Fundamentais da Educação).

FILLOUX, J. C. **Intersubjetividad y Formación**. Buenos Aires. Centro de Publicaciones Educativas y Material Didático, 2004.

FRANZ, M. L. Von. O processo de individuação. *In*: JUNG, C. G. **O homem e seus símbolos**. Rio de Janeiro: Nova Fronteira, 1964.

FREIRE, Paulo. **Pedagogia da Autonomia:** saberes necessários à prática. São Paulo: Paz e Terra, 2000. (Coleção Leitura).

FREUD, S. Esb. **O Mal-estar na civilização** (1930 [1929]). 1ª ed. V. XXI. Rio de Janeiro: Imago, 1974.

Furlanetto, E. C. **Como nasce um professor?** Uma reflexão sobre o processo de individuação e formação. São Paulo: Paulus, 2003.

_____. Formação e aprendizagem docente: os caminhos de uma pesquisa simbólica. *In*: SOUZA, E. C. [Org.]; de PASSEGGI, M. C. **Pesquisa (auto)biográfica: cotidiano, imaginário e memória.** Natal: EDUFRN; São Paulo: Paulus, 2008.

_____. **Matrizes pedagógicas e formação de professores**. Anais do II Congresso Internacional sobre Pesquisa (Auto)biográfica: tempos narrativos e invenção de si. Salvador: Universidade do Estado da Bahia, 2006.

_____. **Pesquisa simbólica e transdisciplinaridade**. Anais do I Congresso Internacional de Innovación Docente. Barcelona: Edición ICBUB, 2007. p. 4/6/7.

_____; TRINDADE, D. F. [Coord.]. **A sala de aula e seus símbolos**. São Paulo: Ícone, 2006. (Coleção Conhecimento e Vida).

GAGNEBIN, Jeanne Marie. **História e narração em Walter Benjamin**. São Paulo: Perspectiva, 1994.

GALVANI, Pascal. **Qué formación para los formadores transdisciplinares?** Elementos para uma metodología reflexiva y dialógica. Université du Québec à Rimouski, 2008.

GATTI, B. A. **Formação Continuada de Professo-res**: a questão psicossocial. Cad. Pesq., 2003.

_____. **Grupo Focal na Pesquisa em Ciências Sociais e Humanas**. Brasília: Líber Livro Editora, 2005.

GIOVANETTI, R. M. **Saúde e Apoio Social no Trabalho**: Estudo de caso de professores da Educação Básica Pública. Dissertação – Universidade de São Paulo, 2006.

GÓMEZ P. A. O pensamento prático do professor: A formação do professor como profissional reflexivo. *In*: NÓVOA Antonio [Coord.]. **Os professores e a sua formação**. Lisboa: Dom Quixote, 1992.

GORDON, T. G. **Parent effectiveness training**. New York Mc Kay, 1977 – Aspectos gerais da proposta de Thomas Gordon a respeito do relacionamento interpessoal entre professor e aluno. Dissertação de mestrado de Leila M. P. Vieira. Processo Grupal Psicodramático-Teoria e Prática no Contexto Educacional. PUC. São Paulo, 1992.

HALL, S. A. **Identidade Cultural na Pós-Modernidade**. Rio de Janeiro: DP & A, 1999.

HOLANDA, A. B. de. **Dicionário da Língua Portuguesa**, 1996.

HUSSERL, E. **Investigações lógicas – sexta investigação**: elementos de uma elucidação fenomenológica do conhecimento. 2^a ed. São Paulo: Abril Cultural, 1985. (Coleção Os Pensadores).

JAFFÉ, A. **O Mito do Significado na obra de Jung**. Tradução Daniel C. da Silva e Dulce H. P. da Silva. São Paulo: Cultrix. 10ª edição, 1995.

JOSSO, M. C. **Experiência de vida e formação**. Prefácio de António Nóvoa. Revisão científica, apresentação e notas à edição brasileira de Cecília Warschauer. São Paulo: Cortez, 2004.

JUNG, C. G.; FRANZ, M. L. Von [et al]. **O Homem e seus símbolos**. Tradução de Maria Lucia Pinho. Rio de Janeiro: Nova Fronteira, 1977.

JUNG. C. G. **A Natureza da Psique**. XVI As etapas da vida humana. Obras Completas de C. G. Jung. V. VIII/2. Petrópolis: Vozes, 1991.

KURY, Mario da Gama. **Dicionário da mitologia grega e romana**. 6ª ed. Rio de Janeiro: Jorge Zahar, 2001.

LALANDE, A. **Vacabulaire technique et critique de la philosophie** – Dépôt légal – 5 édition "Quadrige": 1999, Juillet.

LAROSSA, J. B. **Notas sobre a experiência e o saber de experiência** – Universidade de Barcelona, Espanha. Tradução de João Wanderley Gerald da Univesidade Estadual de Campinas, Dep. Linguística, jan. a abril de 2002, nº 19.

LUDKE, M.; ANDRÉ, M. **Pesquisa em educação**: abordagens qualitativas. São Paulo: EPU, 1986.

MONTAGNA, G; E, BROCK; H. BURTE; M, GARRIC. **Dicionário de Mitos Literários**. Direção do professor Pierre Brunel. Tradução de Carlos Sussekind (*et al*). Prefácio à edição brasileira de Nicolau Sevcenko. Capa e ilustração de Victor Burton. 3ª ed. Rio de Janeiro: José Olímpio, 2000.

NÓVOA, A. **Os professores e sua formação**. Lisboa: Dom Quixote, 1991.

PESCUMA, Derna. **Projeto de Pesquisa – o que é? Como fazer?**: um guia para sua elaboração. São Paulo: Olho d' Água, 2005.

PIERI, P. F. [Org.]. **Dicionário junguiano**. São Paulo: Paulus, 2000.

PINEAU, G. **Temporalidade na Formação**: rumo a novos sincronizadores. Tradução de Lucia Pereira de Souza. São Paulo: Triom, 2003.

PLACCO, Vera Maria Nigro de Souza. **Formação e prática do educador do orientador**: confrontos e questionamentos. Campinas:. Papirus, 1994. (Coleção Magistério: Formação e Trabalho Pedagógico).

RODRIGUES, A.; ESTEVES, M. **A Análise de Necessidades**. na Formação de Professores. Porto: Porto Editora LDA, 1993.

ROUANET, S. P. **Mal-Estar na Modernidade**: ensaios. São Paulo: Companhia das Letras, 1993.

SAFRA, Gilberto. **Hermenêutica na situação clínica**: o desvelar da singularidade pelo idioma pessoal. São Paulo: Edições Sobornost, 2006.

SCHÖN, D. A. **Educando o profissional reflexivo**: um novo design para o ensino e a aprendizagem. Tradução de Roberto Cataldo Costa. Porto Alegre: Artes Médicas Sul, 2000.

SILVEIRA, N. **Jung Vida e Obra**. 4ª ed. São Paulo: Paz e Terra, 1975.

STAUDE, J. R. **O desenvolvimento adulto de C. G. Jung**. 9ª ed. São Paulo: Cultrix, 1995.

SZYMANSKI, H. [Org.]. **A entrevista na pesquisa em educação**: a prática reflexiva. Brasília: Líber Livro Editora, 2004.

TARDIEU, J. **Dicionário de Mitos Literários**. Direção do professor Pierre Brunel. Tradução de Carlos Sussekind (*et al*). Prefácio à edição brasileira de Nicolau Sevcenko. Capa e ilustração de Victor Burton. 3ª ed. Rio de Janeiro: José Olímpio, 2000.

TARDIFF, M. **Saberes docentes e formação profissional**. Petrópolis: Vozes, 2002.

TROUSSON, R. **Dicionário de Mitos Literários** Direção do professor Pierre Brunel. Tradução de Carlos Sussekind (*et al*). Prefácio à edição brasileira de Nicolau Sevcenko. Capa e ilustração de Victor Burton. 3ª ed. Rio de Janeiro: José Olímpio, 2000.

VERNANT, Jean Pierre. **Mito e pensamento entre os gregos**: estudos de psicologia histórica. Tradução de Haigamuch Sarian. São Paulo: Difusão Europeia do Livro; EDUSP, 1973.

_____. **Enciclopédia du XX e siècles**. Instituto del la Enciclopédia Italiana Roma, 1987.

VIGOTSKY, L. S. **A Formação Social da Mente**. São Paulo: Martins Fontes, 1991.

_____. **Construção do Pensamento e da Linguagem**. Martins Fontes, 2001.

_____. **Teoria e Método em Psicologia**. Martins Fontes, 1999.

WEKERLIN, D. **Complexidade. Aprendizagem e medo:** bases biológicas das emoções e sentimentos e a problemática educacional. Tese de doutorado – PUC/SP, 2007.

WINNICOTT, D. **O ambiente e os processos de maturação**. Porto Alegre: Artes Médicas, 1983.

ANEXO

Colaboradores da minha pesquisa

C1

1. Por que você procurou o grupo?

Procurei assim porque estava tendo muita **dificuldade** nas aulas, né, assim na faculdade.

2. Como ficou sabendo da existência do grupo?

Aí, a professora falou: procura alguém para te ajudar, assim vai ser muito bom, aí depois eu quando tinha aquele convênio lá da PUCC, eu peguei, marquei uma consulta e cheguei aqui.

3. O que mobilizou esta procura?

Eu tinha dificuldade pra tá...,eh... ao mesmo tempo que terminava de ler a professora explicava alguma coisa, eu já esquecia, não entrava. Mesma coisa lá em casa, assim, muito esquecida assim e muito **distante de mim**.

4. Quais as experiências marcantes?

Marcante... Ah!... marcante.

5-6. O que mudou, o que foi mais impactante?

Ah!... sim, foi quando no grupo, assim quando reúne os grupos, outras pessoas fala delas.

7-8. Ocorreu alguma mudança? Em que momento: lado pessoal, lado profissional?

Mudou muita coisa, assim porque no profissional, eu comecei assim a enxergar que tinha capacidade assim pra ver e fazer outras coisas, entendeu, não ficar só limitada ali naquilo que fazia. Está super bom, pra mim, hoje.

9. Em algum momento não se sentiu confortável no grupo? Qual?

Não, nenhum momento.

10. No que o trabalho em grupo facilitou os processos de mudança? Como?

É, foi justamente assim, eh... aprender a entender o problema do outro, assim sentir no lugar do outro. Porque só ficava assim vendo, só o meu problema. Aí eu via que tinha as pessoas que também tinha seus problemas e que estavam buscando ajuda. Entendeu.

11. Você acredita que este trabalho contribuiu para sua formação profissional, que exerce atividade em Instituições Educacionais?

Acredito muito, pelo menos para mim foi muito bom.

Aí, eu, né, quando eu quero sair de carro, estou com aquele pouquinho de receio, aí eu entro, começo, sabe, sentindo, me sentindo aí dentro do carro, analisando tudo que vou fazendo. Daí saiu assim, sem medo. Vou me controlando, aprendi a me controlar, totalmente, assim não que eu era muito antes, né, aí é que está, às vezes eu fazia as coisas e não sabia que tinha feito. Não prestava atenção naquilo que estava fazendo. Eh... Agora não.

C2

1. Por que procurou o grupo?

Que eu estava passando por um momento, o qual, assim eu não estava conseguindo superar alguns problemas sozinha.

2. Como ficou sabendo da existência do grupo?

Ah! uma amiga minha já tinha passado anteriormente e ela falou pra mim.

3. O que mobilizou esta procura?

Ah! eu creio que a necessidade própria.

4. Quais as experiências marcantes?

Ah! de conseguir falar as coisas que está guardado, que eu não falava com ninguém.

5. O que mudou, o que foi mais impactante?

Ah! de eu poder perceber que as pessoas tem individualidades que cada um tem um modo de agir e cada um deve se respeitar dessa maneira.

6. Por que foi impactante?

Ah! Eu acho por estar assim conseguindo fluir, né, essa necessidade que eu tinha.

7. Ocorreu alguma mudança? Em que momento: lado pessoal, lado profissional?

Ah! Assim, a partir do momento que eu pude estar assim, conseguindo enxergar com clareza as coisas, então se mudou meu lado pessoal e profissional.

8. Em algum momento não se sentiu confortável no grupo? Qual?

Ah! Sim. Sempre me senti confortável no grupo.

9. Você se sentiu mudando, transformando, no pessoal, no profissional?

Eu senti assim que eu mudei em termos de eu estar podendo compreender melhor as coisas, enxergar com mais clareza, né, isso tanto no profissional quanto no pessoal.

10. No que o trabalho em grupo facilitou os processos de mudança? Como?

Ah! possibilitou, assim por abrir a minha mente, em saber ouvir, saber perceber que o outro também tem necessidade.

11. Você acredita que este trabalho contribuiu para sua formação profissional, que exerce atividade em Instituições Educacionais?

Ah! sim, creio que sim. Eu vejo que hoje a necessidade ela é grande, porque eu percebo que no meu ambiente de trabalho não só eu preciso deste momento. Mas eu posso perceber nas companheiras e companheiros de trabalho, que eles precisam porque, porque nós trabalhamos numa instituição escolar, onde a gente mexe, né, com vida, com crianças, com adolescentes, com faixa etária diferente um do outro. E nós somos é assim entramos pra exercer um determinado trabalho, mas como é uma instituição a gente não está preparado e acaba se envolvendo né, com o relacionamento das pessoas, né, então o que acontece a gente não está preparado, falta pra nós a preparação e nós acabamos cobrando de nós mesmos, algo que nós não temos perfeição para dar, né. Então, eu creio, assim, que nós não temos, mas nós necessitamos, eh... no nosso trabalho esse tipo de ajuda, de assim, de... de... entrelaçamento de um com o outro. De um profissional que ajuda a superar. Entendeu, porque o que acontece, a gente fica um pouco perdido, né. Porque a gente somos focados a um trabalho, que é um trabalho de limpeza, mas que na verdade, nós estamos cada dia com os adolescentes, com os pequenininhos que são crianças que é diferentes, né. Trabalhamos com pessoas com vidas, né com grupos de pessoas com pensamentos diferentes né e nós muitas vezes não temos estrutura para isso. É o que acaba nós ficando angustiado, triste, criando conflito entre um e outro. Vem as cobranças, porque não fez isso e não fez aquilo, mas é porque nossa capacidade se limitou, não conseguimos chegar adiante. Eu creio que falta, em qualquer ambiente de trabalho que não tenha este trabalho que necessita nos tempos de hoje. Trabalho em grupo, né, assim pra poder as pessoas conseguir trabalhar. O fato de conversar de saber que está conversando com o profissional, já é diferente, a gente solta né aquilo que tá guardado dentro da gente e você melhora. Fica mais alegre e feliz, porque essa é a minha experiência, né, só que é uma experiência que eu adquiro para mim, mas mesmo que eu passe para os outros, eu não tenho capacidade, eu não tenho profissionalismo para chegar e trabalhar com meus companheiros. Precisa nestes ambiente um profissional, pelo menos uma vez por mês eu creio né, para trabalhar com os profissionais pra si poder mostrar seu potencial, porque todos tem um potencial muito grande independente de ser faxineira ou de ser um pouquinho, elevado um pouquinho mais, mas a gente vê que trabalha em conjunto e acaba realizando quase o mesmo trabalho. E nesse trabalho envolve uma coisa assim que acho muito importante, envolve o amor e às vezes, eu tenho pra mim sabe uma coisa muito fraternal, sabe, uma coisa que você começa a ter ligação a gente passa a saber o nome da maioria dos alunos, da maioria dos professores quando a gente sabe que o aluno fica doente, a gente fica preocupada, busca informação, pra saber o que aconteceu, melhorou ou não. Acho que é um amor um pelo outro, né, é uma consideração e uma coisa que todos nós temos dentro de nós, então precisa ser trabalhado. É uma coisa que isso eu, com o meu entendimento, é uma coisa que cresce o ambiente de trabalho. Faz o ambiente do trabalho ficar muito legal e que às vezes não é aproveitado, né, não tem tempo, só trabalha. E aí o tempo está passando em uma velocidade muito rápida que não tá realmente sobrando tempo pra trabalhar esse lado afetivo das pessoas. É uma necessidade que todos temos. Acho que ninguém consegue ser indiferente diante de uma situação, ele quer seja o faxineiro. Ele foi contratado pra esse trabalho, né, mas aí ele não pode ser indiferente e ver a criança caindo e deixar ele cair. Ele não consegue isso, não. Ele se envolve, não tem como. Desde que você está no ambiente onde é educacional, onde tem crianças, tem vidas ali você não consegue ser indiferente, então exige um preparo, precisa de um preparo pra isso, né, mas é um preparo assim eh... pra um crescimento, não digo assim que você está almejando uma carreira que você porque você está querendo deixar de exercer sua função. Eu quero exercer minha função, sempre o melhor, e eu vejo que o melhor tem que acontecer essas coisas na minha vida profissional. Eu tenho que tá habilitada a poder ouvir uma criança, que quando chega e reclama. Ah!! Tia aconteceu isso...isso..., aí de repente vem uma adolescente e fala pra mim. Está chorando. "Eu não vou entrar na sala de aula". Mas por quê? "Meu namorado deixou de mim, ele não quer mais ficar comigo". Então, eu tenho que ter um preparo físico pra saber ouvir, pra saber o que vou falar pra ela. O que eu posso, o que não posso falar, independente de eu ser a faxineira ou não. Eu sou a pessoa que neste momento ela está precisando. Eu sou o alvo que ela está falando naquele momento né, e isso acontece eu creio em todas as instituições, não só onde eu trabalho, então eu vejo que se alguma pessoa, já ouvi algumas pessoas dizerem, né. Ah!!, mas eu não vou ouvir porque eu não fui contratada pra isso. Mas e aí? E aquela pessoa que estava precisando? E o outro que precisava de você naquele momento. Como ficou? Então o meu pensar é que a gente tem que saber ouvir o outro que é a questão que a gente envolve neste trabalho, que é ouvir o outro, saber ser ouvido e eu precisei de ajuda de um profissional e que a pessoa que está perto de mim que naquele momento precisa de mim, então eu tenho que ter assim o mínimo de preparo pra poder tá ali falando com aquela pessoa pra poder, em vez de ajudar, não tá prejudicando, aí eu tenho que saber tar me colocando naquela situação, né. Acho que isso é uma necessidade que a gente tem de poder crescer como pessoa no ambiente de trabalho. Eu aprendi muitas coisas aqui, que a gente vem trabalhando a minha vida, a minha busca, né. Tem me ajudado bastante, porque, eh... às vezes as pessoas podem pensar. "Isso é uma coisa tão simples". Não é. É um momento que faz a gente enxergar lá na frente, né. Eu assim eu sei que eu mudei, lá no meu serviço, sabe assim eu aprendi, quando eu chego lá, às vezes eu não estou num bom dia, mas o outro também não está. Só que hoje eu me sinto mais preparada pra escutar o que ele tem que falar pra mim. Ao invés de ficar nervosa, porque está falando, falando. Eu já estou aprendendo a ouvir e eu não sabia ouvir. Então, isso eu acho que é um princípio básico, que o ser humano precisa, respeitar o outro. Então, já estou aprendendo a respeitar e parar, pra ouvir o outro falar.

C3

1. Por que procurou o grupo?

Pra tentar é porque eu estava com problemas de família, né, e eu não tava conseguindo lidar com esses problemas não estava conseguindo trabalhar esses problemas eu estava achando que era um caminhão de coisas e estava influenciando tanto na minha vida conjugal, como na minha família, eu tava assim.

2. Como ficou sabendo da existência do grupo?

Eu vim através do Conselho Tutelar. Como meu problema também é com minha família, com minha sogra, então eu vim por causa deles. Porque eles iam encaminhar a gente pra um Postinho de Saúde, mas lá não tem um profissional. Então a gente veio pra cá, inclusive eu e meu esposo, meus filhos, né e aí eu acabei ficando.

3. O que mobilizou esta procura?

Ah! Tentar melhorar, tentar ai acho que trabalhar um pouco esse meu lado de mãe, porque pelo menos a gente queira ou não, ah! Influenciou bem na minha família né. Eu já tava muito desgastada, eu estava assim ao ponto da separação, né, eu e o meu esposo. Então foi isso.

4. Quais as experiências marcantes?

Olha aqui eu não esqueço o dia que eu me relaxei e relaxei, aqui. Aí, você pediu pra mim voltar, né, voltar e voltar aí eu voltei mais aí eu não consegui voltar lá, lá no fundo. Só consegui voltar quando na morte da minha mãe, quando eu tava vestida de preto, aquela coisa, assim, da minha mãe, na morte da minha mãe, consegui voltar. De lá, eu não consegui ir mais pra trás, não consegui ver eu criança.

5-6. O que mudou, o que foi mais impactante?

Eu não consigo. O que mudou, o que mudou que eu era assim uma pessoa, muito vou fazer isso agora já tenho que fazer isso agora. Se não fizer vai morrer. Não. Aí eu comecei dar tempo ao tempo, o que mudou na minha vida foi isso aí.

7. Ocorreu alguma mudança? Em que momento: lado pessoal, lado profissional?

No lado pessoal e tanto no lado profissional, que eu não... Tanto é que agora eu estou desempregada, mas eu nunca tive aquela coragem de chegar de expor meus problemas, chegar falar pro patrão é isso...isso...isso. Tanto é que ele, quando eu pedi a conta e eu ia voltar a trabalhar com ele de novo, ele colocou eu, como se fosse uma funcionária, lá embaixo. Não. Eu ergui minha cabeça, não, eu sou profissional, sabe, eu tenho o meu valor, então eu agora estou conseguindo falar, aquilo que eu sinto e aquilo que eu sou.

8. Em algum momento não se sentiu confortável no grupo? Qual?

Todos os momentos eu me senti confortável. Todos os momentos.

9. Você se sentiu mudando, transformando. No pessoal, no profissional.

Em tudo.

10. No que o trabalho em grupo facilitou os processos de mudança? Como?

É que a gente começa a ver, é que a gente acha que o problema da gente é um caminhão de coisas e aí o que acontece, a gente começa a ver os problemas dos outros e o meu não é tão assim. E aí começa a ver as experiências e ter as experiências e muitas vezes as pessoas chegou com a experiência aqui, e conseguiu, sair daquele problema aqui, daquela coisa, e então a gente acaba, que o grupo ajuda a gente neste termo.

11. Você acredita que este trabalho contribuiu para sua formação profissional, que exerce atividade em Instituições Educacionais?

Isso, acredito e muito.

C4

1. Por que procurou o grupo?

Ah! Porque eu estava precisando na verdade me encontrar, né, não tava, não tava muito assim conseguindo pensar, pra raciocinar as coisas que vinham acontecendo ao redor de mim.

2. Como ficou sabendo da existência do grupo?

Porque eu tinha ligado no sindicato e o sindicato me informou que havia um psicólogo, né, se eu quisesse marcar daí eu preferi agendar para ver como que é.

3. O que mobilizou esta procura?

Ah!!... Foi mais assim, mais coisas pessoais, vida de casal também que mais me incentivou a procurar.

4. Quais as experiências marcantes?

É mais marcante pra mim. Foi podê tá aqui, aprender que, que eu posso, que eu consigo, que não preciso ter medo de nada.

5-6. O que mudou? O que foi mais impactante?

Mudou muita coisa assim, até meu jeito de ser, de pensar às vezes. Mudou muito, porque eu tava pensando muito, muita coisa, sem sentido, aí eu passei ver que não, que a vida tem sentido, desde que você comece a ver de outra forma.

7. Ocorreu alguma mudança? Em que momento: lado pessoal, lado profissional?

> Ah! O momento pessoal mudou sim, porque eu não tinha paciência em casa e eu via muitas coisas errada e eu falava e meu marido achava que ele tava certo, e que eu estava errada. Então, mudou muito assim, até agora, hoje ele me entende um pouco, antes ele não entendia tanto, agora hoje ele me entende até um pouco, porque agora eu comecei a estudar, fazer faculdade, ele não aceitava muito e hoje ele já aceita.

8. Em algum momento não se sentiu confortável no grupo? Qual?

> Ah!! Sim, por uma colega também participante do grupo, mais pela maneira dela se pôr no grupo, eu fiquei meio constrangida, não conseguia falar, mas isso passou. É um momento.

9. Você se sentiu mudando, transformando, no pessoal, no profissional?

> Senti muito assim, a partir do momento que eu comecei a passar por aqui, conhecer a doutora Roselys, principalmente tá, maravilhosa doutora (riso), então eu comecei a me sentir melhor com as coisas que você foi falando pra mim, que eu fui começando a pensar.

10. No que o trabalho em grupo facilitou os processos de mudança? Como?

> Ah! De eu pensar mais no meu eu.

11. Você acredita que este trabalho contribuiu para sua formação profissional, que exerce atividade em Instituições Educacionais?

Acho que sim, muito, ajuda a gente a pensar melhor a não se sentir muito inferior às pessoas. Quando eu estava no grupo foi muito bom pra mim. Que como meu marido não aceitava muito que eu estudava, porque achava que o curso não ia dar em nada, era muito corrido então hoje posso me dizer uma pessoa realizada, assim, só que não realizada totalmente, porque não me formei, né. Mas, espero Deus, que chegue lá, para me formar. Mas hoje em dia, ele aceita bastante que eu estou estudando, que isso era o que eu queria. Então, eu estou muito contente com isso. O grupo é maravilhoso, aqui é muito bom, a gente se sente melhor, sabe pensar melhor, entender as coisas melhor, então assim foi muito bom o momento que passei aqui.

C5

1. Por que procurou o grupo?

Porque, porque eu senti que a minha necessidade d'eu trabalhar alguns pontos, né, eh... Eu achei muito importante porque eu tinha este serviço pela minha empresa e tinha referência, né, sobre seu trabalho, né, que era psicodrama, que eu já tinha tido uma experiência de grupo de mães, né, grávidas.

2. Como ficou sabendo da existência do grupo?

Olha, eu acho que o primeiro contato foi via telefone, né, no sindicato, né, pela secretaria e daí eu fiquei aguardando um momento certo d'eu ter um lugarzinho d'eu ingressar no grupo.

3. O que mobilizou esta procura?

É uma necessidade de eu trabalhar alguns pontos que eu até identificava, mas não sabia lidar.

4. Quais as experiências marcantes?

Olha, o que eu sinto que foi muito marcante, foi essa a troca, né, a gente poder também, eh, externalizar aquilo que a gente tava, o que cada um trazia, i... eu acho que este foi um ponto que me chamou muita atenção, foi essa troca de experiência entre o grupo e poder traduzir isso em forma di, di, di... do real problema.

5. O que mudou? O que foi mais impactante?

Foi mais impactante? O que mudou? Eu consegui eh resgatar algumas coisas que estavam precisando ser trabalhadas, né, isto mudou a minha concepção também de leitura de mim mesma, e de enxergar o grupo e as pessoas com quem eu convivo, né.

6. Por que foi impactante?

Sim, porque eu acho que quando você identifica o problema (entre aspas) eh... de repente é um espelho, né, você se olha e você se identifica e de repente essa imagem refletida é até um impacto.

7. Ocorreu alguma mudança? Em que momento: lado pessoal, lado profissional?

Muito, muito. O pessoal, ah... a questão que eu vejo aí é de posicionamento. Auto-estima e o profissional também de eh... mudança de divisão de enxergar as coisas. Consequentemente, mudança de postura também, né.

8. Em algum momento não se sentiu confortável no grupo? Qual?

Não, em todos os momentos bem à vontade.

9. Você se sentiu mudando, transformando no pessoal, no profissional?

Sim, muito, uma mudança muito grande.

10. No que o trabalho em grupo facilitou os processos de mudança? Como?

Bom, eu acho é que cada um estar colocando sua dificuldade, seu problema, né, e essa troca de experiências né, de vivências eh... acrescenta, né, um para o outro. Acho que é por aí.

11. Você acredita que este trabalho contribuiu para sua formação profissional, que exerce atividade em Instituições Educacionais?

Sim, sim, contribuiu muito porque é o espírito de equipe é importante e também saber lidar com os conflitos internos. Até, né, porque, por exemplo, eu exerço um cargo até de vamos dizer de supervisor, e eu tinha, assim, alguns eh... conflitos no setor, né, então assim eu aprendi a lidar com esses conflitos, trabalhar, é me posicionar de forma muito mais segura, né, e realmente eh... de forma profissional também, acho que foi importante pro crescimento.

C6

1. Por que procurou o grupo?

Ah!... porque há muito tempo porque eu tinha vontade, né, como eu tinha plano de saúde, mas o plano de saúde não tinha aquela. Lá era Apitiva, não tinha, e quando vim pra cá, pra Campinas não tinha lá. Só tinha psiquiatra, eu fui a dois psiquiatras. Só que eu não gostei deles. Eu digo: "Não é isso que eu quero". E continuei procurando. Aí, quando cheguei aqui. Aí eu quero ir. Aí ela me falou: Por que você não vai no sindicato, no sindicato, tem uma psicóloga e quem me indicou, foi a Cidinha, né. Lá da escola, onde eu trabalho lá.

2. Como ficou sabendo da existência do grupo?

Porque assim do grupo, né eu queria a psicóloga, né, queria conversar com a psicóloga e todo esse tempo eu não tinha a oportunidade, e sempre buscando, e não encontrava. Quando eu cheguei na escola, conversando com as pessoas. Por que você não vai no sindicato, lá tem uma psicóloga, lá é muito legal lá. Aí eu fiz o convênio lá. Aí eu vim pra cá.

3. O que mobilizou esta procura?

Assim, era, eu não sei explicar, o que era, é uma coisa assim, tipo assim, igual você falou: Você é uma pessoa de coragem, fica essa coisa, que você falou, eu sou isso mesmo, mas é que mesmo quando a gente cresce, a gente precisa ver que você é assim, você é forte, você é isso, você é aquilo e eu acho isso aí, me ajudou muito, né, eu sei que eu sou. Mas eu acho que eu preciso de alguém, né, pra falar, nessa coisa assim que.

4. Quais as experiências marcantes?

Que ficou? Virgem Maria... (vem um choro). O que assim sempre me lembra é aquela hora que você mandou eu ficar do lado da mãe. Do filho que... naquela época eu tava né, querendo. E tudo aquela coisa, lá. E você mandou, ficar no lugar da mãe que tava dando o filho. Mas lá na realidade, nem foi tanto assim. Dá pra você ver o pessoal, como que é, e como. E não foi tanto assim. Mas, só em eu pensar como que era, eu já fico.

5-6. O que mudou, o que foi mais impactante?

Ah! O que mudou, em mim? Ah!...o que mudou, é que assim, a gente sempre tem que ter um objetivo. Dizer: Eu quero isso e correr atrás disso e saber que eu consigo eu correndo atrás. Como eu consegui.

7. Ocorreu alguma mudança? Em que momento? Lado pessoal, lado profissional?

É que é assim quando você uma pessoa está assim, tipo quando eu me sentia antes, eu tava assim. Procura um psicólogo porque assim, não dá pra explicar o resultado assim, não dá para você falar, mas o que você sente faz a diferença.

8. Em algum momento não se sentiu confortável no grupo? Qual?

É assim às vezes eu chegava e eu não vou falar, disso não, não tenho coragem de falar, dessas coisas, mas aí eu acabei falando muita coisa (riso).

9. Você se sentiu mudando, transformando, no pessoal, no profissional?

Ah! Mudou assim senti mesmo, mudou muita coisa, né. Até o meu marido fala assim, nossa mas como você está de sentimento. Não sei. Mas como você está, mas porque está agindo assim. Ah!... não sei. Até nessa minha ida pra lá. Toda minha vida, assim eu acho que mudou muita coisa. Meu jeito de agir. Assim, eu tipo falava com certeza eu estaria suando, dor de estômago, dor, não sei como eu iria estar. E hoje, eu estou tão tranquila.

10. No que o trabalho em grupo facilitou os processos de mudança? Como?

> Assim eh... no grupo. É que eu achei que foi assim interessante é que você sempre falava assim: "Você vai ser o fulano, aí é uma coisa, né, você vai ser o outro". É meio, né, é diferente, não sei.

11. Você acredita que este trabalho contribuiu para sua formação profissional, que exerce atividade em Instituições Educacionais?

> Se isso é importante? Acredito muito (riso), acredito qui pra mim foi, muito bom, né, nem sei o que falar né . Foi bom demais pra mim, né, me ajudou muito.